阅读成就思想……

Read to Achieve

# 这才是经济学的思维方式

## 看穿被谬误掩盖的经济学真相

第2版
2nd Edition

# ECONOMIC FACTS AND FALLACIES

[美] 托马斯·索维尔（Thomas Sowell）◎著
董玲燕◎译

中国人民大学出版社
·北京·

**图书在版编目（CIP）数据**

这才是经济学的思维方式：看穿被谬误掩盖的经济学真相：第 2 版 /（美）托马斯·索维尔（Thomas Sowell）著；董玲燕译 .—北京：中国人民大学出版社，2020.1

书名原文：Economic Facts and Fallacies

ISBN 978-7-300-26789-0

Ⅰ. ①这… Ⅱ. ①托… ②董… Ⅲ. ①经济学 Ⅳ. ①F0

中国版本图书馆 CIP 数据核字（2019）第263405号

**这才是经济学的思维方式：看穿被谬误掩盖的经济学真相（第 2 版）**

［美］托马斯·索维尔 著

董玲燕 译

Zhe Caishi Jingjixue De Siwei Fangshi: Kanchuan Bei Miuwu Yangai De Jingjixue Zhenxiang (Di 2 Ban)

---

| | | | |
|---|---|---|---|
| **出版发行** | 中国人民大学出版社 | | |
| **社　　址** | 北京中关村大街31号 | **邮政编码** | 100080 |
| **电　　话** | 010–62511242（总编室） | | 010–62511770（质管部） |
| | 010–82501766（邮购部） | | 010–62514148（门市部） |
| | 010–62515195（发行公司） | | 010–62515275（盗版举报） |
| **网　　址** | http:// www. crup. com. cn | | |
| **经　　销** | 新华书店 | | |
| **印　　刷** | 天津中印联印务有限公司 | | |
| **规　　格** | 170 mm × 230 mm　16开本 | **版　　次** | 2020 年 1 月第 1 版 |
| **印　　张** | 15　插页 1 | **印　　次** | 2024 年 5 月第 6 次印刷 |
| **字　　数** | 200 000 | **定　　价** | 79.00 元 |

---

**版权所有　　侵权必究　　印装差错　　负责调换**

本力

北京大学汇丰金融研究院秘书长、中国经济学教育科研网主编

记得看过一个来自美国的调查，根据某保险公司对其处理车祸赔付的统计，最终被认定的肇事者中，有高达 90% 的人认为是别人的错，这其中包括 30% 自己撞到护栏上、电线杆上等单方原因的事故。

看来死不认错是人生常态。在错误的方法中终其一生，这似乎很不幸、残忍，却也再平常不过。

个人坠入谬误的陷阱司空见惯，但经济政策等具有重大社会影响、事关公共利益的决策，也频频由于决策失误产生许多事与愿违的后果甚至灾难，而且屡见不鲜，这更加让人叹惋。

在指令性经济或者行政管理中，个人行为、决策所考虑的因素非常有限，按照本能的直线思维，这似乎并无大碍。但是在市场经济和商业社会中，市场的逻辑往往是非线性的。比如，先赔钱再赚钱是创业初期的铁律，但对一般人而言是反本能和直觉的。尤其是在互联网时代，这种赔本赚吆喝的新经济带来了指数级增长和无数商业神话，让按照线性思维的人们完全错过了这个划时代的机会。

人生最大的悲哀不是没有机会，也不是没有努力，而是努力的方法错了。方法错了怎么办?

人生成功的可能性首先来自匡正错误或者少走弯路。人生的方法错了，好在还有经济学这味解药。据说经济学是使人聪明的学科，人们指望着通过它能够获得智慧而飞黄腾达。好在此为正途，正如麻省理工学院经济学博士柯荣住先生所言："经济学是一门世俗智慧。"

在这类读物之中，美国芝加哥学派著名经济学家、自由主义大师托马斯·索维尔的《这才是经济学的思维方式》一书无疑相当对症。

托马斯·索维尔将常见的经济学谬误总结为零和型谬误、合成型谬误、下棋型谬误、事后归因式谬误、开放型谬误，颇有典型意义。这些不仅涉及经济领域，其实从认知层面也会影响到人类行为和福祉的方方面面。

时值新一轮的中美贸易摩擦，人们对零和型谬误或可有更深刻的体会。在"反全球化"的逆流中，美国以冲击国内产业、贸易逆差等为由对中国等重要贸易伙伴加征巨额关税，并引发反制措施，其结果不但对两国经济造成了严重冲击，也使各国股市更为脆弱，全球经济政治不确定性大为增加。美国总统特朗普为代表的这种思维正是典型的零和型谬误。

"合则两利，斗则俱伤"，这被誉为经济学哥白尼革命的"看不见的手"，其伟大之处正是打破了依靠直觉采取争斗方式解决问题的零和型谬误。亚当·斯密用面包师的例子，早就说明了主观上的利己行为通过市场是可以达到利他的。市场推动了合作与和平。主观上利己，客观上利他。不要简单地按照零和博弈的思维，将利己与利他对立起来。尤其是十六世纪以来，随着全球贸易体系的建立和发展，世纪各地的经济繁荣越来越紧密地结合在一起，社会经济的进步已经越来越依赖于全球市场分工与合作，从而大大减少了战争的危险和暴力的灾难。

美国著名认知心理学家斯蒂芬·平克在其鸿篇巨著《人性中的善良天使》中用一系列科学方法与数据表明，从古至今，人类历史上的暴力逐渐减少，暴力程度减弱，个人之间暴力相向的情况也在减少。其中，很重要的一个原因是，商业是一个各方都可以是赢家的游戏，产品的交换和思想的交流使参与的人群越来越大，他人的生命因此更有价值，发生暴力与战争的代价也就变得越来越高。总之，商贸扩大了“共情圈”（互通语言、通婚等）和“利益圈”的范围，使得战争变成一件得不偿失的事，从而减少了暴力的发生。

经济学这种非零和博弈思维告诉我们“合作比不合作好”。但是，市面上流行的诸多打着传统文化招牌鼓吹权谋的糟粕书籍为什么能一直热销，这又影响了谁？可见摒弃错误的方法不仅是与个人直觉和线性思维的对抗，也是与来自各种洗脑偏见和狭隘思维的斗争。直线思维当然不能获得指数型增长。这也就更能理解陈志武教授的感叹：为什么中国人勤劳而不富有？

回到索维尔教授这本书，零和型谬误也只是作者讨论的五种谬误之一而已，所以对诸多谬误不明就里的话，掉到各种坑里实为大概率事件。

在书中作者还用了相当大的篇幅阐述了城市、性别、学术、收入、种族、第三世界等六个方面存在的一些谬误。用作者的话说就是，“这些简单直接的事实被一些模糊和不一致的谬论所掩盖，其中充斥着误导性的统计数据。”在我看来，这其实是还原了五个经济谬误的诸多情境，以案例的方式帮助读者走出谬误的影响，在各种具体问题和场景中建立起经济学的非线性思维。

比如，“女性收入比男性少是性别歧视”“西方国家的繁荣与一些第三世界国家的赤贫之间的强烈对比是不公正的”等常见的观点似乎很有道理或者符合道德，也是零和型等谬误的结果。所以，以经济学的思维方式化解习惯性的偏见和情绪化的激愤，提升认知能力和判断力，本身也是人生不断进阶的过程。

我对于推动现代经济学在中国的传播、普及以及教育、科研发展肩负一种天启般的使命感。此书让我颇感欣慰，让我感到自己二十多年的努力也算意义非凡了。因为经济学不仅是代表着人类文明高度发达的思想、方法和工具，而且对于摆脱迷信思维、蒙昧状态和开启正确的人生方法和非线性的人生智慧来说，也是最方便的法门。这一切，从“看穿被谬误掩盖的经济学真相”开始。

一些观念被人们相信，是因为它们本身就是可被明证的事实；而另外一些观念被人们相信，只是因为人们被这些观念反复地“洗脑”了而已。最终，洗脑替代了证据，让人们普遍接受了这些“事实”。

本书的新版与旧版一样，让很多广为认可的观念接受客观事实的检验——最后你会发现许多观念都经受不住事实的检验，有的观念像纸牌屋一样不堪一击，也有的观念看似真理，但事实却与之截然相反。

著述本书的目的不是要去驳斥什么，或是来一场观念冲突大赛，而是为了揭露那些危害世界各国千百万人民的福祉的谬误。基于谬误制定的经济政策很有可能（或者已经）造成毁灭性的后果。洞察这些谬误远不只磨砺心智这么简单，更清晰地去理解经济学，还可以为提升世界人民的生活水平，带来许多意想不到的机会。

和我的其他书一样，本书的出版离不开我的两位得力研究助理刘娜（Na Liu）和伊丽莎白・科斯塔（Elizabeth Costa）的大力支持。她们不仅收集了很多我想要的材料，还给我推荐了很多其他有价值的研究材料。此外，科斯塔女士负责编辑，刘女士负责在电脑上整理最后成稿，使本书得以付梓。

ECONOMIC
FACTS AND
FALLACIES
|目录|

动带来怎样的影响？事实是简单明了的，难的是如何走出谬误的迷惑。



在大多数人类社会的主要历史时期，女性收入比男性少是一个不争的事实。人们对这种不合理现象做了多种看似合理的解释，似乎都归结到一个结论，即无论何时何地，当女性和男性在就业、报酬或晋升方面出现重大差异时，必定存在对女性的歧视。然而事实真的是这样么？



上大学的花费持续超过了通货膨胀和家庭平均收入的增长，许多高校的经济和教育决策看起来难以理解。人们想知道，把钱花在大学教育上，究竟能给家庭带来什么样的回报。然而，这一切似乎没人能说得清。

不同阶层间的收入差距不断扩大似乎已经成了人们的共识。少数富有者占据了社会的绝大多数财富，收入停滞，中产阶级不断减少，高管薪酬高得离谱……种种现象似乎都在昭示社会在撕裂、在变坏。然而真相到底是怎样的？



几乎没有哪个主题能像种族这般产生这么多的谬误。当今世界，种族融合不断，水平远超以往任何时候，乃至于一些要求区分种族的噪音越来越大。在这种情况下，或许有人会说，种族本身就是一种谬误。



西方国家的繁荣与一些第三世界国家的赤贫之间的强烈对比激起了民众的诸多情绪，并引发了一系列对造成这种现状的原因的调查。虽然这些调查揭示了很多事实，但由于没有区分因果联系和责任过失，由此产生了许多谬误。

谬误无处不在，许多单个谬误都是一种更广的模式中的一部分。也许最危险的做法就是，不对流行的看法进行事实检验，而是根据它们对一些现有世界观的契合程度来接受或拒绝它们。

# 01 谬误的力量：常见的五大经济谬误

ECONOMIC FACTS AND FALLACIES

> 永远不要低估用事实推翻谬误的难度。
>
> 亨利·罗索夫斯基（Henry Rosovsky）

谬误并不是完全不着边际的想法，相反，它们通常看上去既可信又符合逻辑——但却总是有所缺失。可信度可以为它们带来政治上的支持。而当政治支持足以使这些谬误变成政府政策或措施时，那些缺失的或被忽略的因素就会引发“意外状况”，这种“意外状况”的说辞常常出现在经济危机或者社会政策危机之后。还有一个说辞就是“在当时看来是个不错的主意”。所以，当时表面上看似不错的东西，要想深究其里是需要付出一定代价的。

有时候，谬误之所以是谬误，仅仅是因为缺少一个明确的定义。在政治学中，没有明确定义的词具有特殊的力量，尤其是当这些词在表达能调动民众情绪的原则性问题时。“公平”就是这样一个没有明确定义的词。这个词就能调动人们对一些政策的政治支持。这些政策从《公平贸易法》（*Fair Trade laws*）到《公平劳动标准法》（*Fair Labor Standards Act*）不一而足。尽管“公平”这个词在定义上并不明确，但这种模糊的界限恰好赋予了它政治上的优势。那些在具体事务上持不同观点的人却能在一个可以广泛解读的“词”下统一战线并被动员起来，这个词可以“掩盖”他们之间的分歧乃至对立的观点。说到底,谁会去支持“不公平”呢?同样地，对不同的个体或者团体而言，像“社会公正”“平等”等意义广泛的词可以有完全不同的解读。但是，如果某个政策用了这些具有鼓动性的词，即便是观点不同的个人或团体都会变成这个政策的啦啦队。

经济政策中的谬误层出不穷，而且影响着社会的方方面面，小到住房，大到国际贸易，都是如此。“意外状况”可能要在政策出台后好几年才出现，但很少有人会对这些意外的起因追根溯源。即便一个政策出台后马上引发不良反应，很多人还是不会去追究政策本身的缺陷，这些问题政策的倡导者常常还会把这些不良后果嫁祸出去。他们甚至会辩解说如果没有他们推行的这套好政策，现在的情况可能会更糟糕。

即便事实摆在眼前，谬误还是大行其道，个中缘由各不相同。例如，为了不影响自己的整个政治生涯，民选的官员不会轻易承认他们倡导乃至大肆鼓吹的政策或措施最后却让人大失所望。这种情况适用于各种事业或运动的领导者。即便是知识分子和有教职的学者也会因为其观点的前后相左而声望受损，遭遇尴尬。那些自认为扶贫活动的支持者，最后却发现现实是越扶越贫，不免难于释怀。换句话就是说，无论从政治、经济还是心理层面上，对有些人而言，事实都太危险，他们不会让事实威胁到自身的利益或者他们良好的自我感觉。

没有人乐于承认自己的错误。但是在很多情况下，掩盖错误的代价是高昂的，是不容忽视的。这些代价让人们向现实低头，不管他们多么不愿意或多么痛苦。如果一个学生这次数学考试错了一道题，那下次考试之前他就必须把这道题解对；一家企业不会因为贯彻了错的市场或企业管理方针而任由企业不断亏损却不纠正。简言之，无论是出于实际需求还是理智，我们都有必要对谬误追根究底。政府出台的好的经济政策和不合理的经济政策都会影响无数人的生活，不同的是一个让生活变得更好，而一个让生活变得更差。这就是为什么经济学研究那么重要，而且对谬误的研究已不再是单纯的学术行为。

经济谬误实在太多，无法一一列出，但是我们可以概括出五大类常见的经济谬误，然后在接下来的章节中针对各类具体的经济谬误进行详细分析。我们可以称这五大类常见的谬误为零和式谬误、组合式谬误、事后归因式谬误、棋式谬误和开放式谬误。

## 谬误一：零和式谬误

许多经济学谬误都建立在一个较广泛的、隐秘的误导性假设上，即经济交易是一个零和过程。在这种假定中，一方有所得就意味着另一方有所失。但是，如果交易没有让双方变得更好，那么无论是雇主还是雇员、租户还是房东，以及国际贸易中的双方，自愿的经济交易都无法继续下去。这种浅显的道理，对于那些倡导通过政策帮助其中一方进行交易的人来说，不一定看得明白。

让我们从头说起。为什么经济交易会发生？哪些因素决定了这些交易？互惠互利的基础是必要的，但还不够，除非交易条件让双方都满意。当然，交易双方都倾向于对自己特别有利的条件，但是为了不失去从交易中可以得到的好处，他们也会接受别人提出的条款。能让一方或另一方接受的条款可能会很多，但要想交易成功，这些条款必须让双方都能满意。

假设政府的政策只利于一方（如雇员或租户），这就意味着，现在有三个不同的当事方在参与这项交易，只有在三个缔约方同时接受所有条款时，这项政策才是合法有效的。换言之，这些新条款排除了某些仅对三方中的两方有利的条款。于是，相比于双方，能让三方都满意的交易条件变少了，因此达成的交易量也可能会变少。同时，由于这些交易是互惠互利的，第三方的参与也意味着交易双方的利益多少会受到影响。这一普遍原则在现实世界中有许多具体的例子。

为了保护租户利益，世界上很多国家都施行了租金管控制度。但是，不论在哪个国家，作为利益相关方的房东或房地产商一旦觉得管控制度过于严格，都会减少住房供应。例如，埃及在 1960 年开始实施租金管控，一个经历过那个年代的埃及妇女在 2006 年写道：

> 租金管控的最终结果是人们不再投资住房建设。出租屋和自住房的供应都极其短缺。常常几户人家挤住在一个公寓里，住房条件十分糟糕。严苛的租金管控导致埃及至今还深受其害。类似的错误政策可以影响几代人。①

换句话说，这种严苛的租金管控对房东和房地产商而言，是错失了一个可以赚大钱的机会。对很多租户而言，他们也失去了可以拥有舒适的居住环境的机会。两者虽然不同，但最终结果都是两败俱伤。这种状况不只是发生在埃及，纽约、香港、斯德哥尔摩、墨尔本、河内等很多城市都出现过因为租金管控导致住房短缺的情况。

当限价租金低于单纯由供求关系决定的租金价格时，其直接的后果就是：既然租房更便宜，更多的人会选择租房。但是，如果不扩建住房，就没有那么多空房可供出租。而且，在现有房屋被废弃之前，房屋的配套服务水平（如日常维护和修缮等）都会下降。因为住房短缺供不应求，房东完全没必要在这些事情上花钱吸引租户。房屋的日常维护和修缮的不到位也会让房屋老旧得更快。与此同时，租金管控后的新房建设投资回报率更低，自然也就没什么人愿意投资建设新房。租金管控越严格，越没有人愿意去拆旧房建新房。第二次世界大战后的很多年，墨尔本都没有新建过一栋房屋，就是因为澳大利亚推行了租金管控。在当地租金

① 第 3 章中将会详细阐述住房短缺的发展过程。

管控政策取缔之前，美国马萨诸塞州各个社区 25 年内没有新建过任何出租房。取消租金管控之后，人们才开始建造新房。

毫无疑问，租金管控政策让很多租户从中受益。那些在租金管控政策立案通过的时候已经拥有住房的人，以及那些尽管觉得修缮、日常维护和其他配套服务（如热水供应）不够到位，但能节约一些租金的人，都是受益者。但是长此以往，房子不断老化，住的人却越来越多，租户对性价比的满意度开始下降。租金管控越严格的地方，租户的抱怨越强烈。他们开始指责房东在暖气、热水供应和房屋的维护修缮方面做得不尽如人意。也就是说，降低了双方可以接受的一系列条件，也就相当于降低了双方可以接受的一系列结果。最后就是租户和房东都不满意，虽然双方不满的地方不一样。

政府强制推行其可接受交易条款的另一个领域就是，通过实施一系列法律，来规范雇员的薪水、福利和工作环境。尽管提高这些方面的待遇能够提高雇员的生活水平，但是承担成本的却是雇主。同理，这样的交易条款会让雇用频次减少。过去几年，欧盟国家的失业率空前地高，失业周期也是史无前例地长。欧盟各国的最低工资法和政府政策要求雇主给员工提供的各种福利比美国多得多，所以这些国家的新增就业岗位也比美国少很多。同理，对于直接的相关方而言，三套可接受条款的重合部分比两套的要少。也就是说，涉及的条款越多，可以达成共识的部分就越少。

和租金管控下的租户一样，有工作的人期待有更多的福利，但这是以失业的人的利益为代价的。那些能保住饭碗的人因为拥有雇主必须依法提供的福利，日子越过越好。但是越来越高的失业率和越来越长的失业周期让部分人更难找到工作。如果没有这些规定雇主必须提供各种福利的法律，他们也不会失业。因为这些法律促使雇主减少雇员，增加资本替代劳务，或者将劳务外包给别的国家。“天下没有免费的午餐”真是至理名言。

零和博弈的隐含设定造成的最坏后果是，为避免“被剥削”，贫困国家拒绝国际贸易和外来投资。对外出口和投资的发达国家和作为进口和投资目的地的贫困的第三世界国家之间的极大差距，似乎正好可以得出“劫贫济富”的结论。零和博弈的不同理论在20世纪被广为接受，而且立场十分坚定，难容异议。

但是最终的事实是，像中国香港、韩国和新加坡这样曾经落后的地区和国家都通过自由国际贸易和投资取得了举世瞩目的成功。于是到了20世纪末，很多国家政府抛弃了国际经济往来是零和博弈的观念。中国和印度作为曾经的贫困国家，在解除了严格的国际贸易和投资限制后，不但经济增长率大幅提高，而且让数千万的国民实现了脱贫。从另一个角度看就是，零和博弈的谬误让上百万人数代间都深陷贫困的泥沼，但是在抛弃谬误前，他们只能做这样无谓的牺牲。人们为一个没有事实根据的假设付出了巨大的代价。可见，谬误造成的影响是极大的。

## 谬误二：组合式谬误

逻辑学家所说的“组合式谬误”是指部分正确即整体正确的观念。一个棒球球迷在观众席上站起来看球场上的比赛可以看得更清楚，但是，如果所有的球迷都站起来看，那最后的结果就是大家都看不好。许多经济政策都涉及组合式谬误。正如政治家们为某些特定群体、行业、国家或其他特殊利益集团“代言”。他们采取的政策看似纯粹为了造福社会，实际不过是拆东墙补西墙的把戏。

例如，许多地方政府都实施了旨在吸引企业或高收入人群的政策，并希望这两项措施能为当地带来更多的税收收入。有的地方整个街区被拆毁并“重建”了高档住宅和购物中心，以此来“振兴”社区。联邦政府经常补贴这类行为，但是却忽略了一个事实：从其他地方转移来的商业和高收入人群，通常会导致本地的低收入人群“流离失所”，转移到别的地方。所以，整体而言，这些政策没有为整个国家带来真正的益处。也就是说，从地方到中央的各级政府实施的无数计划，最多不过是零和行为（zero-sum operation），很多时候甚至是负和行为（negative-sum operation）。这些计划让全美成千上万的居民生活受到影响。政府花费数以亿万的税收收入拆毁原有的社区，就整个国家而言无任何实质性的建树，除了让那些自愿迁移的纳税人可以到其他地方置业而无须同现有的房产主竞价购房，而那些流离失所的人则是被迫迁徙的。

只要政府强加的政策不是基于自愿交易原则而是类似市场上的强制管控，那么零和行为和负和行为就会无限期地持续下去。

不过，在任何“振兴”起来的社区，令人印象深刻的都是那些关于过去的图画和反映现在的照片。它们被用来描述“重建”前和后的现场，庆祝这个地方有了显而易见的“改善”。多年来，摄影师们都喜欢在华盛顿拍摄以国会大厦圆顶为背景的贫民窟的照片。最后，政府通过大规模的贫民窟清理工程才杜绝了那些尴尬的照片——而那些贫民又会迁移到别的地区，使那些地区沦为贫民窟。即使那些新的贫民窟与国会大厦保持了安全的政治距离，实际也是治标不治本。

人们认为政府的支出是有益于经济发展的，因为支出的资金在分配和再分配的过程中创造了就业机会，增加了人们的收入，并在这个过程中给政府带来了税收收入。但通常来说，如果同样的政府资金仍然掌握在纳税人手中，他们也会花掉它，而且它还会被再次支配出去，这个流通过程也会创造就业机会，增加收入，并产生税收收入。这同样是一个零和过程，因为钱不过是从纳税人手中转移到了政府手里。现在，为了满足政府支出需求而采取很高的税率，使得用于激发经济发展活力所需采取的激励措施减少了，不能很好地推动经济繁荣，从而造成了如今负和博弈的现状。

那些为了避免空间“过度拥挤”而鼓吹保留“公共空间”政策的人忽略了这样一个事实，即总的人口数量是不受这种政策影响的，这就意味着那些不能在此处生活的人会迁移到彼处，从而造成彼处更加拥挤。

## 谬误三：事后归因式谬误

事后归因式谬误的现象不但最普遍，历史也最悠久。几个世纪前它甚至还有个拉丁名字："Post Hoc, Ergo Propter Hoc"，其英语翻译为"After this, therefore because of this"。意思是"此于彼之前发生，因此此为彼之因"。例如，世界许多地区都曾经开展过禁用滴滴涕（DDT）[①]的运动。人们控诉DDT杀虫剂会引发癌症。使用DDT越多的地方，癌症发病率也越高。这些地方曾因疟疾肆虐，造成大量人口丧生，于是人们开始使用DDT消灭传播疟疾的蚊虫，效果显著，蚊虫确实急剧减少，有的地方甚至看不到蚊虫了。所以到了现在，数以百万计的人在年轻时没有被疟疾夺走生命，而且都活到了很大年纪，而高龄人群是癌症高发群体。但是DDT并不会引发癌症，禁用DDT反而让疟疾死灰复燃，夺走了全球上百万人的生命。

对于两件相继发生的重大事件，人们往往会把第一件事当成第二件事的起因。在1929年创纪录的股市崩盘之后，紧接着爆发了20世纪30年代的大萧条。所以一直以来，人们都认为是股票市场的崩溃导致了整个经济的崩溃。然而，1987年的股市崩盘却迎来了连续20年低失业率、低通货膨胀率的经济增长。

至于1929年的股市崩盘，其实在股灾之后的12个月内，失业率从来没有突破10%。失业率在股市崩盘后两个月达到了9%的峰值，之后就开始缓慢回落，直到1930年6月降到了6.3%。那时，美国联邦政府颁布了《斯姆特·霍利关税法》(*Smoot-Hawley Tariff*)，开启对经济的重大干预。但是此次干预反而让原本下降的失业率大幅上升，远远反超股市崩盘之初的水平。仅仅在联邦干预政策出台

① 即滴滴涕，是一种杀虫剂，现已禁用。——译者注

后的六个月内，失业率就在 1930 年 12 月突破 10%，上升到了 11.6%。随着一系列其他联邦重大经济干预政策的施行，失业率在随后几十年里都保持在 10% 以上。2004 年发表的一份经济分析得出的结论是：政府的干预让大萧条变得更加漫长。

事后归因式的谬误不仅仅是一个智力问题。在政治上，人们总想着为好事邀功，把坏事归咎于他人，这就是为什么有那么多马后炮式的谬误了。如果财政预算有盈余，那美国总统就会居功，一旦财政预算出现赤字，就会有批评人士出来指责总统。然而事实是，所有联邦政府的财政预算议案都需要经过众议院的批准才能实施，而税改法案则需要经过国会投票通过才能执行。所以，当总统所在党和国会多数党是对立党派时，白宫的决定并不太能左右政府财政预算是赤字还是盈余。

## 谬误四：棋式谬误

在 18 世纪的亚当·斯密笔下，教条理论家是指“自视甚高”，认为“可以像摆弄棋盘上的棋子那样轻松驾驭一个国家”的一类人。这样的理论家仍然普遍存在，而且他们还影响着法律和政策的制定。

人类与国际象棋不同，他们有自己的个人喜好、价值观、计划和意愿。所有这些都可能与社会试验的目标发生冲突甚至背道而驰。此外，无论这些社会试验能带来多少好处，它们都会有相应的经济成本和社会成本。虽然一些社会试验者认为如果一个计划或政策不起作用，还可以去尝试另一种，这样不断地去试验，总会找到有效的方法。但现实是：不断的试验会产生不确定性，而这种不确定性会导致人们改变他们的行为，这种改变又会不利于经济发展。

包括约翰·梅纳德·凯恩斯在内的一些经济学家看到了 20 世纪 30 年代罗斯福新政的试验性政策带来的不确定性。因为新政不鼓励积极投资，而投资恰恰是当时摆脱大萧条所必需的。因为人不是棋子那样无生命的物体，不会任由摆布。

所以，任何试图让人去机械地扮演某个宏伟计划的一个部分的尝试不仅不会成功，还会适得其反。“如果一开始没成功，那就再试几次”这样的想法是酿成灾祸的一味配方。当人们不知道无休止的试验会发生什么的时候，就会对未来失去信心，那么消费者就不会积极消费，而投资者也会减少投资。

## 谬误五：开放式谬误

许多理想的事情都忽略了一个最基本的经济事实，即资源是有限的，而且还需要用在其他方面。有谁会反对健康、安全或开放性呢？但是，人们对健康、安全或开放空间的要求是没有限度的，而资源是有限的，而且资源除了满足上述需求外，还有其他同样有价值的用途。

无论我们如何提升健康水准，总会有更多可以进步的空间。即便事情已经万无一失，还是可以再进一步未雨绸缪。不管开放空间有多少，总不可能达到尽善尽美。显然，很多倡导者、运动、法律和政策会促使人们对很多这样开放式无标准的事物进行无限制的追求，而不会做任何规定或者限制，更不会考虑那些有更多追求的人能用这些资源去做更多有意义的事情。

人人都向往拥有健康的身体，而且大多数人也都会乐意政府投资亿万美元[①]专门用于癌症研究。但是，有谁会同意用一半的国民收入来消除皮疹呢？预防犯罪当然是必要的，但是否有人愿意用一半的国民收入来根除盗窃这样的轻微罪行呢？虽然没有人会这样进行取舍，但在倡导开放空间、预防犯罪、更好的健康、更清洁的空气和水等开放性理念时，人们确实遗漏了权衡取舍的概念。正因为如此，我们的要求变得没有限制。这种限制既包括满足这些要求所需的资金的限制，也包括达到这些要求所需的对人的自由的限制。开放式没有上限的要求助长了庞大的政府官僚机构，也增加了财政预算，同时也为权力扩张提供了便利。

① 1 美元≈6.71 人民币元。——译者注

无限制的推断是开放式谬误的另一种特殊变化形式。人们强烈反对建设房屋、高速公路甚至供水和污水处理系统，因为他们认为这些基础设施建设会带来更多的人、更密集的交通，也会加剧城市化，从而挤占绿色空间，进而加速绿色植物的消失。但是，人口供应是有限的，每一个从一个地方迁移到另一个地方的人，虽然增加了迁入地的拥挤，但却给迁出地腾出了空间。就整个社会而言，人口的数量没有变。至于绿化方面的问题，我们不难推断，90% 以上的土地尚未开发仍是国家面临的一大难题。

无限制的推断并不局限于环境问题。法院在反托拉斯案件中的裁决也引发了一种担忧，即某个不断扩张的企业可能被认为正处于垄断“初期”。美国最高法院对布朗鞋业公司并购案的判决就是一个里程碑式的事件。美国最高法院禁止布朗鞋业公司收购肯尼连锁鞋店，因为后者占据美国 1% 的鞋类市场，如果被收购，其占有的市场份额就会被布朗鞋业公司独占，从而逐步形成行业垄断，所以必须将这种垄断风险扼杀在摇篮中。 假设无限制的推断理论是正确的，那按照这种推理逻辑，如果从黎明开始温度上升了十度，那意味着月底之前我们会被高温烤成脆脆酥。

## 经济学的正确思考

许多信条其实经不起推敲，但是如果没有人真正地去审视它，它就会一直延续下去。尤其是当有精明的倡导者通过利用人们的利益或情感诉求来规避外界审验的时候，这种信条就能够一直存续下去。一些比较普遍的谬误已经有上百年的历史了，它们在几个世纪前就已经被驳斥过，但是到了今天却能新瓶装旧酒，重新粉饰后以新的形式适应当下的时代潮流。

在这一章中，我只是对几种常见谬误做了简要介绍。在接下来的章节中，我将对许多谬误进行更具体的剖析，用事实证据验证其不实之处。

# 城市事实与谬误

> 西方城市从来都是天使与魔鬼并存的地方，充满创造的活力，但也充斥着衰败的腐化，既是自由之都亦是囚笼之地，富有与贫穷为伍，光彩与悲困相邻，觥筹交错的欢愉之外还有孤单的冷寂——这是才与名、恶与腐的天堂。
>
> 埃里克·霍弗（Eric Hoffer）

关于城市，我们要问的第一个问题是：最初城市为什么会出现？回顾历史，我们想知道城市是由于什么原因建立起来的？为什么建在某些地方而不是别处？审视当下，都市生活能给我们带来什么样的经济启示？是什么推动了城市的繁荣或者导致其发展停滞、衰退甚至消亡？总而言之，不同的政策对城市的住房、交通、犯罪和经济活动会带来怎样的影响？

事实是简单明了的，难的是如何走出谬误的迷惑。

## 交通：城市的命脉

从古至今，交通成本在城市的诞生过程中的作用都是举足轻重的。在现代社会，不断变化的交通成本也与我们生活的城市的变化息息相关。在历史上的大部分时间里，陆路运输主要靠人力和畜力，水路交通则靠水流、风力和划桨。当然，大部分城市建立的时候还没有机械化的陆路、水路或者航空交通工具。基本情况是，陆路交通的建设成本远高于水路交通，尤其是几千年前还没有汽车、卡车和火车的时候。即便是今天，物资的长途运输水路还是比陆路便宜。

作为人口聚集地，城市既要从外面运进大量食物供给居民，又要向国内或世界各地的市场运出大量本地生产的产品。因此，就不难理解自古以来大部分城市都建立在水路交通便捷的位置（不论这种水路交通是河流、湖泊，还是海洋）的原因了。它们既有像尼罗河上的开罗、塞纳河上的巴黎、哈德孙河上的纽约这样的河港城市；也有像新加坡、斯德哥尔摩和悉尼这样的海港城市；还有大湖或者内海港口城市奥德萨市和芝加哥。当然也有少数例外，有的城市虽然没有水路交通优势，但有其他的交通优势。例如，位于沙漠中穿越绿洲的交通要道的交汇处的撒马尔罕、铁路枢纽亚特兰大或洛杉矶，这些地方都是机动车发明后或者高速公路网络建成后才变成大城市的。

## 人口的聚集和分散

出入城市的交通成本决定了一个城市的历史。相比于可以乘坐公交、地铁和机动车等公共交通工具的现代城市，靠双脚步行的古代城市显得更紧凑也更拥挤。古罗马的人口总数跟今天的达拉斯差不多，但是古罗马的城市面积只有达拉斯的2%。从某种意义上说，拥挤就是城市的代名词。这意味着，将各种各样的活动（经济活动、社会活动和文化活动）集中在大家能够到达的范围内，是城市能够吸引居民、经济活动和各类机构的重要因素。至于城市的这种吸引力有多大，就取决于花费在时间和金钱上的成本了。

在纽约地铁还没建成的时候，大部分居住在布朗克斯区的人想往返曼哈顿工作是不可能的。的确，在马车还没有极大地扩大城市居民的生活范围之前，今天的曼哈顿市中心是该市过去的最北端，因为曼哈顿从原来的区域向南扩展到了曼哈顿岛的最南端：

> 过去曾是树林、果园和耕地的地方突然出现了建筑物。从 1832 年到 1860 年，北端居民聚集地从休斯敦街移动到第 42 街。令人惊奇的是，在这短短的 30 年里，城市边界的扩展范围相当于过去 200 年城市扩张范围的两倍。

几年后，第一条高架城市轨道系统出现在曼哈顿。随后，在 20 世纪初，曼哈顿有了第一条地铁。这条地铁的开通让曼哈顿的城区范围扩大到曼哈顿岛的最北端，甚至横跨哈莱姆河延伸到了布朗克斯区。

由于运输成本的下降，普通城市的社区布局可以更加分散。在 19 世纪初，世界上第一列火车开始在英国运行，火车的高速运行使更多的人可以享受到更远的通勤距离，住到离工作地较远的郊区。惠灵顿公爵甚至指责新开的铁路线是鼓励“民众到处闲逛”。自那以后的许多年，仍有许多第三方观察家认为他们比民众自己更了解他们应该居住的地方。

到了 20 世纪下半叶，无论是在美国、西欧还是其他地方，价格低廉的汽车让富裕的工业城市快速郊区化，留下了很多至今仍存在争议的经济和社会后遗症。虽然实惠的交通费用（包括在一个拥挤的城市里步行）对城市生活来说是必要的，但这远远不够。市内必须有值得人们步行或者骑行前往的东西，不然的话，人们还是会选择分散在郊区生活。

几个世纪前，在欧洲和其他地方的许多城市都建有高大厚实的石城墙，这表明城市的一个功能是抵御外敌入侵或非法掠夺。此外，城市还能提供很多补充性的活动，既让居民互相认识和熟悉，还能开展固定成本高的市政建设工程，如建立供水系统或污水处理系统。从经济方面考虑，这些大工程的成本可以分摊到生活在这个区域的大量居民身上，这样会更加经济实惠。医院、剧院和大教堂这些市政配套工程也是需要较大固定成本的，但是由于城市有庞大的人群来分摊成本，所以也能负担得起。这些就是城市吸引人的优势所在，而这些被吸引到城里定居的人则又增加了城市的人口。

对于城市的一个谬误性认识是：高度拥挤的城市是“人口过剩”的标志。事实上，有些国家大半的人口都生活在少数几个城市（有时甚至是一个城市）。与之对应的是，广阔的乡村荒无人烟。这种现象是很常见的。即使在像美国这样的现代城市和工业社会中，已开发的土地面积也不到国土面积的 5%，而美国全国的森林覆盖面积是所有城镇占地面积的六倍。当人们看到第三世界拥挤的贫民窟照片时可能会得出这样的结论：“人口过剩是贫穷的根源。”事实上，贫穷是因为人们无法负担城市的通勤成本，或者无法承担再大一点的城市生活空间，但他们又不愿放弃在城市生活的好处。

在过去，各国和世界人口要比现在少很多，许多城市也都比较拥挤。随着郊区的发展以及快速、廉价交通的普及，绝大部分人都能负担得起交通费用，于是很多人从城里迁移到了已开发的市郊。通过乘坐快捷的交通工具，这些住在郊区的人能更便捷地到达市内的机构或到市内参加活动，城郊之间的物理距离得以拉近。住在离达拉斯体育场很远的人开车可以比住在古罗马竞技场附近步行的人更快地到达体育场。

几个世纪以来，无论是在欧洲、亚洲还是西半球，拥有马匹和马车的精英们都能比贫穷的老百姓更便利地往返城市景点。只有富裕的家庭才能居住在市郊，因为一般的家庭负担不起往返城郊的交通费用。随着人们收入的上升和交通成本的下降，很多普通百姓也可以搬到郊区去生活了。这样离工作地点不至于太远，还能享受便利的城市工程设施，两全其美。20 世纪的交通革命，使地铁、通勤列车、公共和家用汽车得以普及，极大地方便了人们进城。于是平民百姓可以住在比过去的精英们更远离市中心的地方。

20 世纪交通革命之前的纽约市与今天的纽约市大不一样。西奥多・罗斯福（Theodore Roosevelt）在郊区的一所豪宅度中过了他的青少年时光。这座建于 1873 年的宅院位于西区 57 街，在当时属于“纽约外围边缘”的非核心地带。到了 1881 年，从西 60 区到西 70 区“各街道除了名称上的数字不同，并没有多大差别，多数土地是空置的”。哈林区的人住在乡下，而且很少有黑人。这种状况一直延续到 19 世纪末纽约市地铁系统建成后才发生了变化。在世纪之交，地铁正式运行后，人们花费在交通上的时间和金钱成本都降低了。

## 汽车对经济的影响

第二次交通革命深刻地影响了 20 世纪城市和郊区社区的发展，也给人们生活的方方面面带来了改变。这次变革主要体现在汽车的普及上。亨利・福特汽车公司革命性的流水线式批量生产，大幅度降低了汽车成本。汽车从只有少数人才能消费得起的奢侈品，变成了数百万普通中产家庭也能负担得起的交通工具。例如，从 1910 年到 1916 年，福特经典 T 型汽车的生产成本就降低了一半。2007 年，西欧每 1000 个驾驶适龄人口中就拥有约 600 辆汽车，在美国约是 900 辆。

汽车对经济的影响之一是工人可以在更大的空间范围内就业，雇主能招聘的员工来源也更广泛。例如，一项针对辛辛那提地区的研究发现，大部分居民开车 20 分钟就可以到达该地区 99% 的工作地点。如果换乘公共交通，他们的通勤时间就会延长一倍，需要花费 40 分钟，而且只能到达不到 50% 的工作地点。一项针对俄勒冈州波特兰市的研究发现，如果一个人没有高中文凭但是有一辆车，那他就有 80% 的机会可以找到一份工作，而且每月还能多挣 1000 美元。同样的研究也发现，在找工作方面，有辆汽车比获得高中学历更有用。

关于汽车对经济的重要性，在地图上看看那些有汽车禁令的地方就能一目了然。第一个汽车禁令是 1959 年在美国密歇根州的卡拉马祖市颁布的。当时的政府试图通过在一条街道禁止汽车通行来“振兴”市中心地区，形成一条步行街，从而与郊区购物中心进行竞争。这种做法在后面的几十年里也应用到了其他城市：

> 在接下来的30年里，美国和加拿大的各个城市大约有200条这样的步行街。许多步行街的规划还获得了设计大奖。
>
> 然而，对于市中心的零售区而言，步行街非但不是救命草，反而更像催命符。商铺空置率飙升，行人在步行街看到的都是一些低级的旧货店或其他低租金的商店或之前的百货公司。尽管步行街没有取得成功，但在卡拉马祖市试水25年后，各个城市还在建造步行街。1984年，布法罗的10条主干道禁止汽车通行。其后数年，这些主街道的商铺空置率上升了27%，物业价值下跌了48%。到了1990年，许多城市开始恢复步行街的汽车交通。

要纠正一个有明显不良后果的错误居然要花费几十年的时间，这就是由非利益相关的第三方做决策带来的问题。因为万一这个决策失利，为此付出代价的也不是他们。最初通过禁止汽车通行来创建步行街的决定并没有经过试行，只是几个“志同道合”的“专家”觉得这个想法不错，我们看看那些得奖的步行街设计就会知道。对于雇用这些专家的城市规划者和政治家来说，一旦他们公开认同了一个想法，就绝对不会承认自己错了，而且他们会不遗余力地忽略或者发表言论弱化出现的问题。他们才不会承认决策的不合理来阻碍自己的职业生涯，他们只会向大众吹嘘，甚至承诺会给大众带来很多的回报。有时只有下一任政治家或规划者才会承认他们前任的决策失误，因为别人的错误不会对他们的职业生涯有任何危害。相对而言，那些自己的“财产”存在风险的人则需要快速改变方向，以避免破产。

虽然汽车的问世让人们可以生活在离工作地点更远的地方，但大量的人在同一时间从不同的距离和方向涌向工作地点又造成了高峰期的交通拥堵问题。事实上，高峰期的高速公路和城市街道拥堵问题已成为世界各地城市中的一个普遍难题。

随着时间的推移，拥堵问题通常会越来越严重。按照每个司机年平均堵在高峰时段的时间超过 40 个小时计算，1983 年美国只有一个这样的城区，但 20 年后，这样的城区增加到了 25 个。这样的拥堵对经济、环境甚至医疗都会产生影响。例如，一项关于法国交通拥堵的研究发现，在一定时间内（例如半小时）可到达的工作地点的数量，不仅影响到工人能否获得更好的工作机会，还影响到企业能否获得更多客户和更多合格员工。由此可见，交通加速能够提高生产效率。在世界其他城市地区的研究中也发现了类似的结果。交通拥堵也会造成空气污染，增加救护车到紧急救护现场的往返时间，不利于及时施救，从而增加了死亡率。像心脏病发作，医护人员到达救援现场的时间差几分钟都是生与死的区别。

世界各地都尝试了很多方法来处理交通拥堵问题，效果不一。在古罗马，恺撒大帝禁止在白天使用马车。在现代，一些城市试图减少高峰时段拥挤的方法有很多，例如，限制或禁止汽车在某些时间和地点通行；在伦敦部分街区会收取街道使用费；在法国和澳大利亚有收费公路；华盛顿特区则是在一些街道设立单向道，即在早高峰，这些街道的车流只能通往一个方向，而到了晚高峰的时候又只能通向相反的方向。这样的交通体系有时候会在交通流向掉转时导致交通混乱和发生危险。

事实上，大多数城市街道和高速公路对机动车驾驶员都是免费开放的（洛杉矶的高速公路就是典型的例子）。相较于要为占用公共交通资源付费，免费意味着人们可以没有顾虑地开车出门，交通道路上的车辆就会更多。这种占用公共交通资源的费用不仅包括建造和维护这些道路的费用，还有一项更高的成本，即高峰时段交通拥堵对他人出行带来的不便。在华盛顿、达拉斯、亚特兰大和旧金山，一个人每年在交通高峰时段浪费的燃料和时间的成本超过了 1000 美元（在洛杉矶则是 1500 美元）。事实上，考虑到交通堵塞成本，洛杉矶的高速公路不论是对这座城市还是对该市的机动车驾驶员而言，并不是真的免费。

就像大多数没有明确收费的东西一样，如果街道和公路能够按照其使用情况征收隐形成本费用，那它们就能被更高效地使用。世界上越来越多的城市开始认识到这一点，并据此向驾驶员收取费用。新加坡在 20 世纪 70 年代率先根据行驶地点和时间段的不同向机动车驾驶员收取差异化的通行费。起初，这些收费站都配有专门的收费员，人工收费在某种程度上还是会影响交通效率。最终，这些收费站被自动收费系统所取代——要么是电子收费站，要么是自动摄像拍摄违规驾驶员（在禁行区域或禁行时间行驶会被摄像头拍下来）。即使是在 1975 年至 1998 年的人工收费时代，根据交通拥堵的情况向驾驶员收取通行费的方法也加快了新加坡汽车的行驶速度。在收取通行费之前，该市工作日的平均通行速度是每小时 15 千米至 20 千米。在征收通行费后，该市工作日的平均通行速度为每小时 26 千米至 32 千米。

上述情况还不包括新加坡在这些年里一直在扩展，而且汽车数量翻了两番。而在其他时候和其他地方，激励措施也能改变人们的行为。例如，一些人改变了他们开车的时间，以避免支付高额的通行费；而另一些人行程开始或者结束的时候恰好在最拥堵路段的外围，他们就会绕开拥堵路段以避开最高通行费。如果换作是收通行费以前，他们就不会绕路走而是直接穿过那个拥堵路段。也有的人选择了不开车而去乘坐公共交通工具。在新加坡，收费系统实施前后乘坐公共汽车上下班的通勤者比例分别是 46% 和 69%。

2006 年，斯德哥尔摩推出了一项试验性计划，即早上 6:30-7:00 征收 7:00-8:00 早高峰时间一半的通行费。由于这些交通成本，特别是不同时段的成本差异，最后不仅交通管控地区的总交通量下跌了 22%，高峰时段与非高峰时段的交通总量的比例也由约 3 : 1 降到了 2 : 1。为了节约交通成本，人们要么提前出发，要么晚些时候再去上班，以避免高峰时段的高收费。换句话说，无论是斯德哥尔摩的试验，还是新加坡或者其他地方的做法都表明，免费的道路导致了交通拥堵。因为大多数免费的东西都会被无节制地使用，而如果人们的行为成本被直接明码标价，则会约束人们的使用行为。

虽然街道和公路收费与否会影响驾驶员对这些交通干线的需求，但供应也十分重要。关于城市交通的一个固有的错误认知是：修建再多的道路也是徒劳，因为这只会鼓励更多的司机开车出门，最后又回归拥堵。《迈阿密先驱报》（*Miami Herald*）曾表示："铺设道路并不能改善区域的交通拥堵问题。"这是一个典型的大众观点，但是这个看法也经不起推敲。例如，在 1986 年至 1992 年期间，休斯敦的道路交通网络每年增加 100 英里[①]，结果每位旅客在高峰时段的平均拥堵时间减少了 21%。但是，在 1993 年至 2000 年期间，休斯敦开始大幅度削减公路建设，而该地人口还在持续增长，结果导致出行延误时间几乎翻倍。在 1989 年至 1997 年之间，圣何塞市增加了 10 万个工作岗位，得益于不断完善的道路网络建设，该地区上下班高峰期的平均通勤时间反而减少了 50%。

换句话说，建造更多的道路以适应交通需求的增长，需要有实际行动才行。试过才知道是否可行，其他事情也一样。如果修路不能解决交通拥堵问题，那照这样的逻辑推断，吃东西对解决肚子饿的问题也没用，因为不久还是会饿。

很多人认为修建街道和公路不足以应付交通拥堵，原因之一是他们更倾向于集中式、全面规划的开发或者重建，而公共交通就是这种集中计划的一部分。城市规划者、顾问和"专家"们是有"私心"的，即不能放任人们去过他们认为合适的生活。人们的交通、居住模式等需要掌控在这些城市规划者、顾问和"专家"手中。缓解交通拥堵失败的原因有很多，其中之一就是许多人把拥堵看作迫使人

① 1 英里≈ 1.609 千米。——译者注

们“下车”去乘坐公共交通工具的手段。另外，城市官员反对修路和开车出行的理由是：汽车和公路会促使纳税人向郊区流动，超出了城市官员征税的管辖范围，从而损失了税收收入。

并没有实际的交通数据或者潜在的经济理论证明，公共交通工具可以替代汽车的使用。虽然公共交通在纽约市的发展中起着至关重要的作用，但从今天来看，这只是个例，并不是普遍适用的。事实上，纽约市乘坐公共交通工具上下班的人几乎占了全美国的 40%。即便如此，也只有大约四分之一的纽约人乘坐公共交通工具通勤。排第二位的芝加哥，只有 11% 的人乘坐公共交通工具通勤。就全美国而言，2000 年公共交通的客运量比 1960 年减少了 200 万人，尽管 2000 年美国有 6000 多万在职人员。欧洲也有类似的趋势。伦敦、巴黎、斯德哥尔摩和法兰克福等地乘坐公共交通工具的人数也在下降，整体而言，全欧洲乘坐公共交通工具的人数比例从 1970 年的 25% 下降到了 2000 年的 16%。

这是有经济原因的。随着社会繁荣程度的提高，汽车保有量的增加，以及城市郊区化的发展，很少会有人口密度高的城市将公共交通作为主要的交通运输手段：

> 一般而言，在市郊社区每平方英里[①]的人口密度为 2500 到 3000 人。如果每平方英里居住的人数少于 4000，那就没有必要铺设通勤交通站点了。一般说来，在人口密度达到一般郊区社区密度的五倍或六倍前，运输的市场占有率平均不会超过 20%。

简言之，大多数城市都不像曼哈顿那样有着密集的公共交通网络，而且随着时间的推移，别的城市更不会步曼哈顿的后尘。当多数人更喜欢自己开车出行的时候，让公共交通工具代替私家车是一项艰巨的任务。私家车可以直接从家里开

① 1 平方英里≈2.590 平方千米。——译者注

到工作地点，而不用像公共交通那样需要往返于某个公交站点坐车，有时候甚至还需要换乘。况且，有一半以上的美国人并不只是在家和工作地点之间两点一线往返，很多人中途会顺带做点别的，例如购物或接孩子——这也是公共交通不便替代的地方。

然而，政府一直在大力补贴公共交通。在 1964 年，美国国会通过了《城市公共交通法》(*Urban Mass Transportation Act*)。根据该法令，联邦政府积极资助各城市修建自己的公共交通网络。尽管在这些交通道路上行驶的车辆数量正在下降，而且在 1964 年的时候大部分交通道路系统还是私有的。在之后的八年时间里，当地政府又陆续把这些道路从私人所有者那里买了下来。但是，在这期间，乘坐公共交通的人数又下降了 21%。显然，政治家和计划者想要的并不是公共交通乘客自己想要的。然而，不需要为错误付出代价的第三方决策者仍在支持公共交通建设，让其为建造出他们理想的社会发挥更大的作用。

如果这些第三方人士在政府中任职的话，那他们就更有能力去实现他们的愿景了。职权在手，他们就可以不顾公众诉求，甚至可能与之背道而驰。其中一种方法是将用于公路的专项资金挪用到公共交通上来。所以，加利福尼亚州圣克拉拉县的选民在 1990 年投票同意增加销售税以修建新的公路，但是圣克拉拉县交通管理局却把这部分税收收入花在了公共交通方面。结果就是：

> 现在，圣何塞地区正准备将超过 80% 的交通专项资金用于该地区 1% 的交通范围。

那些谴责汽车造成环境污染的人似乎认为没有汽车的世界与有汽车的世界会截然不同。19 世纪的纽约街道就是一个很好的例子：

> 在只能依靠马匹做交通工具的时代，到处都是垃圾——四万匹马，每个

> 工作日约产生400吨的粪便、两万加仑[①]的尿液和200具马尸……

1972年的一项研究表明，一匹马每英里的污染量是一台汽车每英里的污染量的100倍。现在生产的汽车排污量已经下降很多，所以两者对环境污染的差距只会更大。还应该指出的是，用汽车替代马匹可以“恢复8000多万英亩[②]曾经被清伐为马牧场的林地”。

## 社会病理学

像其他因素一样，尽管城市交通一直都很重要，但它能解释的问题也很有限。有些人在试图用交通成本解释一些社会现象，但这已经超出了它能解释的范围。例如，有人认为市中心贫民窟的失业率急剧上升是因为城里的工作岗位都转移到了郊区，特别是在20世纪60年代，这种流动更为明显。所以反过来，岗位迁移带来的失业又被视为这些市内街区犯罪率上升和家庭瓦解等其他社会病症的根源。虽然这些明显的趋势之间存在关联，但是我们并不知道谁是因谁是果，又或者它们是不是由别的原因引起的。然而，就业的流动是不可否认的，而且规模很大，芝加哥就出现过这样的情况：

> 在过去的好日子里，两家大型工厂奠定了芝加哥市西区繁荣的经济基础——西部电气公司（Western Electric）的霍桑工厂雇用了4.3万多名工人；国际收割机工厂有1.4万名工人。美国西尔斯罗巴克公司（Sears, Roebuck and Company）的世界总部也设在那里，也能提供一万份工作。但好景不长，国际收割机工厂在20世纪60年代关闭了，而西尔斯公司则在1973年把大部分办公室搬到了芝加哥市中心环线。霍桑工厂逐步减少生产，最后在1984关闭。

有些人从这一点上得出的结论是，工作岗位向郊区流动带来了高昂的交通成

① 1加仑≈3.785升。——译者注

② 1英亩≈4046.86平方米。——译者注

本，无论从时间上还是金钱上都是如此，所以这些转移到城郊的工作已经不适合大多数城市居民。由此，人们将这些社区的经济崩溃归咎于无父儿童的福利文化、犯罪率和暴力事件飙升这样的社会问题。然而，企业和工作不会无缘无故地离开一个社区。企业搬迁并重新雇用成千上万的工人需要花费大量资本。此外，在20世纪60年代席卷全美的城市动乱之后，芝加哥等很多城市的大批企业都搬离了市中心。仅芝加哥一个城市在20世纪60年代的10年间就有大约四分之三的企业外迁。

简言之，城市动乱说明在企业迁出市中心贫民区之前社会已然处于动荡状态。此外，在印第安纳波利斯市，企业虽然没有像其他城市那样搬到很远的地方，但是市区还是同样面临快速增长的福利文化，同样经历了犯罪和暴力事件的剧增，这和芝加哥等城市归咎于交通成本增加的社会病症并无二致。不同的是，印第安纳波利斯市中心贫民区的犯罪率和暴力率较低，失业率也较低，大多数黑人儿童在双亲家庭中长大。在早些时候，这里还有种族歧视。由于这些城区企业的搬迁都是在社会动荡之后发生的，所以从20世纪60年代起发生的城区社会环境恶化的原因必须在别处寻找。搞错先后顺序也是许多城市谬误之一。

与此同时，在美国许多城市都不难看到很多来自拉丁美洲的移民。他们聚居在一个地方，有雇主驾车经过的时候看到了，如果觉得合适就雇用他们，然后把他们带到工厂、建筑工地、私人住宅或其他任何需要他们的地方。这已经是司空见惯的事情。换言之，这些工人没有交通工具，但仍然能得到聘用。通常，他们都是低收入的非熟练工人，而且工作不稳定，可能是干一段时间歇一段时间。但无论如何，雇主和雇员总算搭上了线，而且这种现象并非偶然。

在早期，黑人工人比今天更贫穷，而且大多数生活在公共交通匮乏的农村地区。而且当时的黑人劳动力参与率至少与19世纪晚期至20世纪早期的白人劳动力参与率一样高。至于到了今天出现黑人劳动力比白人劳动力参与率更低的情况，并不能用通勤的金钱成本或者时间成本的变化来解释，因为雇主可以而且真的会安排面包车来接工人上班。这不单单指街边临时找来工作一天的临时工和在某个项目期间雇用的工人，也包括企业工作地点远离当时的劳动力市场的固定工人。在早些时候，福特汽车公司也曾派出巴士到底特律的黑人社区招聘工人。

重要的是，雇主之所以对此类劳动力有需求，是因为这种劳动力的价格足够低且够用。如今，很多因素都减少了企业对城市内部工人的需求。例如，他们对薪资水平要求高但是工作效率低，另外学历不足或工作态度有问题也会影响工作表现。

## 住 房

关于住房的最大经济谬误是，需要政府对住房市场进行干预（也许是通过补贴、租金管控或其他方式），让中等或低收入的人不用花很高的价钱去买个房子或者公寓，能够有一个体面的生活环境。对于在有些地方生活的人来说，房价过高是不争的事实，这让中低收入的人没有额外的钱用于其他方面。问题是政府的计划能否解决大多数人的困境呢？

政府干预能改善高价住房形势的想法是一个在许多方面重复了无数次的概念，但无休止的重复并不代表就是逻辑充分的论证，更谈不上是证明。当我们从政治言辞转向铁一般的事实时，我们会发现现实告诉我们的故事与政治和媒体上的言论根本就是对立的。正是政府对房地产市场的干预，让以前买得起的住房现在令人负担不起。历史和住房经济都证明了这一点。

### 从历史角度证明

如果我们回到 20 世纪初，回到政府普遍干预房地产市场之前，我们会发现住房支出占人们总支出的比重比 20 世纪末还要少。虽然他们当时的实际收入比 20 世纪末少很多，但即便如此，从这些微薄的收入中再支出较小部分就足以支付住房费用。按照当时的经验就是，房屋成本，无论是租金还是房贷，都不应超过一个人收入的四分之一。1901 年住房成本占美国家庭平均支出的 23%。到 2003 年，这个比重大大上升，占到了 33%。加利福尼亚州是政府干预住房市场的典型，结果在更短的时间内住房占收入的比重反而更高：

> 大多数人都知道旧金山湾区是全美房价最昂贵的地区之一。然而，并非所有人都能意识到，就在 1970 年左右，湾区的房价跟美国其他地方差不多，人们都能负担得起。
>
> 1970 年的人口普查数据显示，一个中等收入的湾区家庭可以将其 25% 的收入用于住房开支，并在 13 年内还清一个中等价位房屋的抵押贷款。到了 1980 年，一个家庭要还清住房抵押贷款必须用 40% 的家庭年收入连续还 30 年。而到了今天，则需要家庭年收入的 50% 还 30 年。

加利福尼亚州的萨利纳斯是位于旧金山以南约 100 英里的一个小城。一般来说，当地一个中等收入家庭在 2006 年的住房开支占家庭收入的 60%。据该地区一位房地产经纪人介绍，一栋房龄超过 55 年的 1013 平方英尺 ① 的房子售价在 49 万美元，需要一个外来农场工人每月拿出 70% 的工资来还抵押贷款。然而，这个一家人已经在出租房里住了多年的买主在签署贷款协议时居然“激动地哭了起来”。萨利纳斯城 75% 的土地都禁止开发。因为土地供应受到法律限制，所以土地价格只会涨不会跌。因此，在这些土地上建造的房屋价格也很高。在加利福尼亚，买地成本远远超过建在它上面的房屋的成本。这种现象并不少见。

对于从什么时候政府开始对住房市场普遍监管以及什么时候房价开始飙升这

① 1 平方英尺≈0.093 平方米。——译者注

些问题，我们可以从另一种历史角度来看。由于住房市场相关的法律法规主要是各州和各地方自己制定的，各地开始严格监管住房市场的时间也不一样。但是总的来说，从 20 世纪 70 年代开始，政府开始对房屋和公寓建设进行严格限制。然而就是在这 10 年里，在那些限制特别严重的地方，如加利福尼亚沿岸，房价开始飞涨。虽然加利福尼亚州、俄勒冈州、夏威夷州和佛蒙特州的许多城市和县在 20 世纪 70 年代制定了限制性的住房法律和政策，但许多其他地方却没有制定，或者法律政策出台的时间不一样。房价涨幅的不同反映了这些区别。一项关于住房价格的经济研究得出的结论是：

> 这 10 年间，在大多数情况下，在州增长管理相关法律或限制性地方计划获得批准后，住房市场开始上涨到人们负担不起的程度。

政府干预与大幅上升的房屋成本之间的高度相关的情况在其他国家也存在。那里的住房限制特别严格，而且还被冠以各种具有政治吸引力的名字，如“开放空间”法或“智增长”政策。一项国际研究调查了 26 个房价“高不可攀”的城市，最后发现其中有 23 个城市曾强力推行“智增长”政策。最终的结果证明了政策的荒谬性。

对住宅建筑的限制有多种形式。“智增长”法限制了郊区住宅建设的扩张。此外，“开放空间”法干脆禁止在部分土地上建造任何东西。例如，马里兰州蒙哥马利郡 40% 的土地，加利福尼亚州圣马刁县三分之二以上的土地，还有前文提到过的加利福尼亚州蒙特雷县四分之三的土地。虽然一个典型的中产阶级家庭建一座独栋房屋通常只需要四分之一英亩的地块，但是在有的地方法律禁止在不到一英亩的土地上建造房屋，还有的地方甚至是几英亩大的土地也不能盖房子。单单这样的法律就足以使房价飙升到千百万人无法触及的高度。然后还有分区法、环境法、历史保护法等，包括随意地限制签发建筑许可证的数量，和 / 或要求建造者符合计划委员会成员在签发许可证前任意提出的条件和要求。

政府房屋市场管控很多或很严格的地方与没有这些管控的地方相比，房价的反差是很明显的。例如，得克萨斯州的休斯敦连分区法都没有，也没有在其他一些城市实施的一系列严格的住房限制。按一家全国性的房地产公司的估算，一个典型的中产阶级家庭的房子，也就是在一英亩的地块上建的独栋房所需要的资金，在休斯敦是 15.2 万美元，在俄勒冈州的波特兰是 30 万美元，在加利福尼亚州长滩是 90 万美元，在旧金山则会超过 100 万美元。在 21 世纪初，佛罗里达州的坦帕市、塔拉哈西和休斯敦的房价都差不多。实际上，在 20 世纪末房屋建造限制法开始生效后，“大多数佛罗里达市场的房价相对于休斯敦至少翻了一番”。

即便是在加利福尼亚州（它的住房价格是全美平均水平的三倍），在政府限制变多的 1970 年代之前，它的住房市场行情也是截然不同的。同样是在圣马刁县，2007 年的平均房价超过了 100 万美元。但是 20 世纪 60 年代一家私营开发商建了一个叫“福斯特城”（Foster City）的大型中产阶级住宅区，这片区域的房价最开始才 2.2 万美元，甚至湖边的滨水豪宅也有 5 万美元以下的。

即使在这段时间内有通货膨胀，福斯特城的房价也不至于涨那么多。消费物价指数显示，从福斯特城建成到 21 世纪初的这段时间，一般物价水平增长了约五倍。但是福斯特城的平均房价在 2005 年超过了 100 万美元。这就是说，福斯特城一套住房的平均价格比 20 世纪 60 年代同社区的高端住宅价格翻了 20 倍。换言之，即便算上通胀，福斯特城的房价也翻了两番。

虽然我们很难相信这些历史模式只是巧合，但相关性不是因果关系，因此我们需要考虑到经济形势和历史，并审查这些模式的其他解释。

## 从经济学角度证明

许多因素可能导致房价上涨，任何影响供求的东西也会影响房价。收入增长和人口增长明显会影响到住房需求。供应受到影响的程度跟某个区域已开发的土地面积和剩下待建设的面积有关。对建筑的无数法律限制和禁令也影响到住宅建设用地的供应。同样，由于官员、非政府组织、个人提出的环境、美学或其他异议，也能轻易对建造的进度造成影响。即使这些异议最后被证明是毫无根据或者是牵强附会的，但工程拖延本身就会造成上百万美元的损失。因为完成一个房地产项目通常需要借很多钱，而不管项目楼盘是按计划完工，还是因为投诉需要时间去调查或者调整而停工，每耽误一天就要多付一天的借款利息。

我们如何知道在任何特定情况下，这些因素中有哪些是罪魁祸首呢？那只能在每个特定的情况下验证各种可能性。

如果某一地区的人口迅速增长，就很可能带来更多的住房需求，从而促使该地区的房价上涨。但无论是供给还是需求都无法单一地影响价格，这是由两者的综合效应决定的。正如一项经济研究指出："拉斯维加斯的人口在 1980 年至 2000 年期间几乎翻了两番，但实际平均房价并没有改变。"然而，加利福尼亚州帕罗奥多市的房屋平均价格在 10 年的时间里几乎翻了两番，但是人口并没有增长。两者不同的是，在这 10 年间（20 世纪 70 年代），帕罗奥多实施了严格的房屋限制政策，但在拉斯维加斯，建筑商们可以无限制地建房子，只要市场需求在增长。所以在这 10 年里，帕罗奥多的房价几乎翻了两番，但是没有新建一栋住宅。

相比于住房需求的增加，房屋限制对房价的影响更大，这种情况在纽约市也一样。"20 世纪 50 年代，曼哈顿建造了成千上万套新房，但房价变化不大。"但在这之后，特别是在 20 世纪 70 年代开始实施严格的房屋管制以后，情况就大不相同了。25 年后的一篇经济杂志的文章写道："尽管曼哈顿的房价飞涨，但是自 1980 年以来，住房存量的增长不到 10%。"此外，从 20 世纪初到 1970 年，在曼哈顿新建的住宅单元中，20 层及以上高度的住宅所占比例一直在增加。但是到了 1970 年，情况突然逆转，高层住宅单元的比例在接下来连续 10 年都在减少。

高度限制是许多房屋限制规定之一。不管是明文规定不能超过多少，还是遭到邻居投诉，然后再经当局不同部门裁决，都会导致昂贵的工期延误成本。那些提出抱怨的人几乎不用付出任何代价，即使他们的抱怨完全没有根据，而开发商则要承担上百万美元的工期延误损失。但最终为此买单还是那些将来购买或租用这些在建住宅的人。

高度限制对经济和社会都有影响。房屋的成本包括建造成本和建造房屋所需的土地成本。所以在同一块地皮上，公寓楼建得越高，每套公寓的土地成本就越低。在那些土地成本超过建造成本的地方，如果还有建筑高度限制，那就意味着将来会收取更高的租金，或调高公寓售价。如果从经济的角度考虑需要建一座 20 层楼的公寓大楼，但当地的法律限制建筑物的高度为 10 层，那么要满足同样数量的人的住房需求就需要两倍的土地面积。此外，如果一个日益增长的社区不能建高楼“向上”扩张，那么它就必须向外扩张，从而导致更长的通勤时间、更严重的高速公路拥堵，而且几乎不可避免地会出现更多的交通事故。除了租金变高，所有这一切都可能发生。

居民收入是影响房价的另一个因素。不管人口有没有增长，居民收入的增加会提高人们对住房的需求。那些住在公寓里的人会想要独栋住宅；住在比较简陋的房子里的人会向往更大或更好的房子。收入增长对这些地方房价飙升到底有多大影响呢？

在 1970 年之前，加利福尼亚州的房价与美国其他地区的房价持平，但是后来涨到了全美平均房价的三倍以上。自 20 世纪 70 年代加州房价飙升以来，这 10 年间加州的居民收入增长与平均国民收入增长相比如何呢？实际上在这 10 年里，加利福尼亚州居民的收入涨幅比整个国家的平均涨幅少得多。与此同时，休斯敦在 20 世纪 70 年代末的平均收入增长远远高于美国其他地区，但休斯敦仍然是科威国际不动产公司（Coldwell Banker）评出的美国 319 个地区中房价最便宜的城市。

正如我们之前已经提到的，休斯敦没有分区法，更没有在其他地方盛行的各种房屋限制。这座城市发展迅速，但房价比整个国家的平均房价还要低。去除通货膨胀，休斯敦在21世纪初的实际房价比1980年峰值低15%。

与休斯敦不同，达拉斯市实施了分区法，但其效果比其他社区小很多，因为分区法在别的地区是严格管控房屋的工具。总之，达拉斯和休斯敦一样，在房屋发展管理方面几乎放任自流的结果是：

> 达拉斯的家庭收入一直保持在高出美国平均水平10%以上，而其房价却低于美国平均水平。

影响住房价格的一个主要因素是建造住房和公寓的成本。这些建筑成本会随着地域和时间的变化而有所差别，特别是当人们开始购买面积更大、品质更高，以及有配套的车库、空调等更好的住房时。所以，这里的问题是：这个因素在多大程度上能解释为什么一样的房子在不同社区的价格会有天壤之别？

正如前面已经提到的，加利福尼亚州帕罗奥多在20世纪70年代这10年间，没有新建一套住房，但是房价几乎翻了两番。所以这个问题很简单，那就是同样的房子为什么售价可以前后相差那么远？答案显然与建筑成本无关，因为这期间根本没有新建住宅。还有很多其他城市的房价明显高于全美平均水平，而且还在大幅上涨（如波士顿、博尔德、圣迭戈和旧金山）。这些地方同样也对新建筑宅有严格的限制，新建住宅很少，所以建筑成本也不是促使这些城市房价飞涨的主要原因。

一项针对全美21个住房市场的经济研究发现，其中有12个住房市场，住房成本超出建筑和土地的综合成本不到10%。那些房价极高的城市，住房成本要超出建筑和土地的综合成本的10%。像洛杉矶、旧金山、奥克兰、圣何塞这些高房价城市，住房成本要超出建筑和土地的综合成本的33%~50%。在曼哈顿市中心，公寓的价格已经是建筑和土地成本的两倍。《纽约时报》刊登的一个故事大致可以让我们了解一下曼哈顿公寓市场的情况：

> 卡塔林·萨伍丽（Katalin Shavely）是一位生活在曼哈顿的床上用品设计师，今年30岁。每个周末她都会浏览分类信息，看看有没有空房出售。她想找一个价格低于750 000美元的一居室公寓。但是没有。

即便是房地产市场崩溃，房价大幅下跌，曼哈顿的公寓才勉强降到了75万美元的边界。2010年，曼哈顿一套位于纽约大学附近的950平方英尺的公寓登广告出售，售价749 000美元；同时期，在安阿伯市密歇根大学附近，一栋3200平方英尺的住宅也登广告出售，售价720 000美元。

在那些政府限制没有那么严格的地方，建筑商能够自主地建造住宅和公寓。那么，即使这个地方人口增长、收入增加也不会导致房价飙升。因为增长的需求会有新建房屋的供应来匹配。休斯敦就是这样一个城市。远超建筑和土地成本的高利润，吸引了更多想通过投资住房市场来获取可观回报的开发商。于是新房的供应增加，进而导致房价下跌，或者一开始就阻止了价格上涨。如果没有对建筑的严格的法律限制，或者开发商之间没有垄断勾结，房价几乎没有可能会继续超出社区的建筑和土地成本。

建筑业远不是一个垄断行业，无法靠排斥后来者竞争来保持高利润率。美国建筑业有7500多家公司建造多户住宅，超过13.8万家公司建造独栋家庭住宅。总部设在曼哈顿的多户住宅开发商就有100多家。高房价社区的高利润率并不是因为私人市场的垄断，而是因为政府强加在住宅建筑上的各种限制。

具有讽刺意味的是，政府在人为地抬高了房价之后，常常向特定个人或团体提供象征性数量的“限价房”。这种有选择性的“慷慨”可以由纳税人补贴，或者强制规定私人开发商以低于市场的价格出售一定比例的住房，作为获得建筑许可证的先决条件。然而，这些“低于市场”的价格还是有可能高于没有建筑限制的市场的房屋价格的。此外，如果这些所谓的“低价”让开发商受到了损失，那为了弥补自己的损失，开发商会在其他楼盘提高房屋售价。但是经过各种宣传，人们相信政府干预是创造“限价房”的关键。实际上，政府干预才是房价高不可攀的首要原因。

## 从政治角度证明

房屋限制最初是如何把房价推高的？然后又是如何获得政治支持的呢？部分原因归咎于“规划”——这个令人兴奋但又具有误导性的概念。政治修辞中所谓的“规划”，就是政府用集体计划压制他人的计划。这个集体计划是第三方创造的，能与政府的权力结合起来，还能使其自身免于承担这项计划带给他人的损失。

控制他人的所作所为——无论是在住房方面还是在其他方面，在 20 世纪 70 年代房价大幅上涨之前就已经存在了。赋予公民监督政府官员对住房市场进行微观管理的能力的是财产权。这项权利是联邦宪法和州宪法所承认的。联邦宪法制约联邦政府，州宪法制约州政府和下辖地方政府。然而，多年来法院的裁决侵蚀了财产权。这些权利越来越被认为是私人特权，属于那些碰巧有幸拥有大量财产的人。因为最后要服务于政治当局的“公共福利”大计划，这些私人特权是可以被牺牲的。1975 年的佩塔卢马案（Petaluma case），法院做出的裁决影响深远，为那些“规划”盛行的城市开启了各种住房限制的大门。

财产权的讽刺性在于，这项权利被视为仅为幸运儿所享有，而不是对政府权力的根本制衡。最后造成的结果就是：富人可以限制中等和低等收入者搬进他们的社区。按照正常的发展进程，对住房需求的不断增加不仅包含在空置地上新建住房，还包括旧社区改造，拆除现有老旧住房来建造新住宅和公寓楼。有时，拆毁旧房屋后，取而代之的是建更大或更高档的住房来“改造升级”。但实际情况是，大块土地上的豪宅或庄园被开发商买下后拆毁，然后建面积更小、数量更多、价格更低的普通住宅或公寓楼，出售或出租给人数更多的中低收入者。

司法和政治当局对财产权的压制，意味着富人社区的这种变化已受到各种住房限制措施的抵制或禁止。例如，最小地块法、历史保护法、开放空间法、智增长政策，还有规划委员或环境机构强权批准或不批准建房许可证，或签发许可证前任意强加各种条件。简言之，财产权的侵蚀使富人社区能够将中低收入人群拒之门外，也阻碍了普通住宅区升级改造成高档社区。

这些限制所造成的高房价并不需要那些已经居住在这些富人区的房主来承担。他们要么已经有了房产，要么在住房价格急剧上涨之前已经签订完抵押贷款合同。因此，新搬入富人区的人至少跟现有居民一样富裕，才能负担得起更高的房价。现有居民不仅不会因住房限制损失什么，他们的房价反而还涨了不少。正是这些原有居民投票对新来者采取住房限制。在这些居民中，只有租房者的情况可能会变得更糟。因为新来者无法支付人为推高的房价，所以这些人可能会竞争现有的出租房源。

这种不对称的过程是由财产权在司法上受到侵蚀导致的。如果财产权在自由市场盛行，住房就能在不同阶层的人群中流通。例如，哈莱姆区在 20 世纪初是一个中产阶级白人社区，但在短短的 10 年里，它就变成了工人阶级的黑人社区。虽然富人，根据定义，意味着比社会上一般人拥有更多的收入和财富。除此之外，从总体购买力来看，还是有不少人能买得起豪宅和庄园。所以，富人区也可能变成中产阶级，甚至工人阶级的住房和公寓楼，最终改变社区的构成。

如果一个社区是由住在大面积高档住宅中的人组成，那么这个区域对房屋的需求会不断增加，于是一些现有的居民会发现，开发商提出的购买他们房产的建议实在是太诱人了，难以抗拒。一旦这种情况开始普遍化，剩下的居民就会发现自己生活的社区正在发生变化，这种变化不仅指正在建造的房屋类型，还包括搬进社区的人的社会背景。

尊重财产权意味着潜在的新来者和现有居民有同样平等的市场竞争地位来购买社区房产，而不是只有现有居民在政治进程中可以投票选择。虽然现有居民可能会选择相信他们有权利用政府的权力来“保护”他们的社区免受外来者入住，但美国宪法也规定了“法律平等地保护”每一个人，无论他们住在哪里或住了多久。此外，现有居民所谓的“我们的社区”，其实不真的是他们的社区。每个居民只拥有他们花钱买的那个房屋的私有财产权。那些选择向开发商出售房产的现有居民，与那些愿意继续保持社区原貌的人一样，在宪法下享有同样的权利。

另外，政府以“开放空间”的名义接管的社区周边的大量土地，比所有现有的房主购买的土地都要多，这是与自由市场的作用背道而驰的。在一个高档社区附近，成千上万英亩的土地不能在市场自由买卖。这就意味着，为了社区现有居民的利益，上百万甚至数十亿美元的土地不能被其他居民购买。当地居民不需要为那块土地买单，也不需要政府部门把土地从市场上拿走。政府只需控制该土地的建造用途，自然就可以降低其市场价值，而且往往是大幅降低。各种各样的实体（个人或政府）以“开放空间”的名义，人为地低价拿下土地，而这些土地如果用作住宅用地，则很多人会出很高的价格购买。换言之，作为有多种用途的土地资源，经政府或私人非营利组织以“开放空间”低价获取后再转手出让，其实际价值可能会翻几倍。

如果以中等收入家庭购买中等价位住宅的抵押贷款占其家庭收入的百分比来衡量，在2005年，加利福尼亚州蒙特雷郡的萨利纳斯市拥有全美最贵的住房。现有居民能够保有的不受开发限制的土地只有四分之一。换言之，所有居民购买的私有房产，不到他们在政治上控制不让变卖为私有财产的土地的三分之一。《华尔街日报》援引了一位居民的意见，它代表了蒙特雷郡和其他地方的居民对这种事情的普遍态度：

> “没有人愿意放弃这种生活方式。”自年轻的时候就开始住在萨利纳斯地区的卡罗尔·哈林顿（Carol Harrington）说。野火鸡、野猪和鹿在她16英亩的土地上游荡。

土地使用限制保护的这种生活方式却给别人带来了损失。这不仅是因为该郡上涨的房价占用了中等收入家庭60%的收入用来还抵押贷款，而且萨利纳斯地区39%的家庭平均每间房住的人数比美国99%的家庭都多。换言之，有些人的“开放空间”令其他人的生活空间变得窘迫，因为为了适应过高的房价，不富裕的家庭不得不与别的家庭一起挤在原本仅适用于一个家庭的一个房子或一间公寓里，或者一家人不得不挤在出租房里生活。

人们通常希望自己生活的社区环境有田园般的风光或开阔的视野，但他们没有花钱购买这些环境或风景，也没有买下它们的永久享有权。有其他喜好的人在宪法下也享有同样的权利，至少在法院开始侵蚀财产权之前和《第十四条修正案》（*the Fourteenth Amendment*）规定“法律平等保护”之前，应该如此。各司法管辖区的政府当局开始利用对财产权的侵蚀通过了限制性住房法，并巧立如“开放空间”“智增长”等名目增加其政治上的吸引力。这种限制在大多数倡导自由的高档社区（如加利福尼亚沿海地区）尤其盛行。那里常常重点关注穷人、少数群体和儿童，因为这些人是最有可能在高房价面前被迫离开的。

例如在旧金山，人口普查数据中低收入和中等收入人口外流的情况显示，在2002年至2006年间，年收入低于15万美元的家庭数量减少了1.6万多，而年收入在15万美元及以上的家庭增加了1.7万多。像这些低收入群体一样，有子女的家庭也因房价大幅上涨而被迫离开了这些社区。学校招生人数急剧下降，从1.5万人减少到9000人。从20世纪70年代开始，房价涨了近三倍，导致帕罗奥多几所学校因生源不够关闭了好几年。同样地，旧金山和圣马来郡在 20 世纪 70 年代和接下来的几十年时间里，虽然人口总数增加了，但是适龄儿童人口的下降同样导致了这些地区许多学校关闭。

尽管土地使用限制对有子女的家庭产生了负面影响，但当局还是以这些儿童作为政治借口来证明这些限制措施是正当的。儿童被称为“后代”，当局声称要为了他们保留“开放空间”等各种各样的东西，还把儿童当作实施土地使用限制措施的直接受益者。因此，当退伍军人管理局计划出售其所有的富余土地时，因该地块位于洛杉矶西部、毗邻富裕的贝尔艾尔区和贝弗利山的高端地区，《洛杉矶时报》刊文反对在市场上出售这块土地，理由是洛杉矶很少有儿童“步行距离内的公共游玩场所”，这些土地都被优先用于这篇文章所说的“轻率”开发。虽然这个论据在某些情况下可能是合理的，但是放在毗邻贝弗利山和贝尔艾尔区的地块上则很难立足，因为那里的家庭，他们的庭院和豪宅里都配有自己的游泳池，甚至网球场，更不用说其他的娱乐设施了。

穷孩子也不太可能住在贝弗利山和贝莱尔区附近。至于“为后人保存”的论点，则可以归结为，容许现有居民的子孙将其他外来者的子孙拒于社区门外。

严格的住房管控所造成的高房价也给黑人群体带来了不利影响。从 1970 年到 2005 年，旧金山黑人人口从 9.6 万减少到约 4.7 万，减少数量超过一半。而且旧金山黑人人口的死亡数量超过出生数量。由此可见，就跟白人人口外流一样，大量有年幼子女的黑人家庭也因负担不起高昂的住房成本，而被迫离开原来生活的社区。类似黑人人口下降的情况也发生在加利福尼亚州的其他沿海地区，如洛杉矶、马林县、蒙特雷县、西马特县和圣马来县。这些地区的黑人人口都在减少。长期以来，这些地区都以奉行自由的高端社区为主流，政府的住房限制措施严苛。根据《旧金山纪事报》报道，旧金山地区的黑人人口下降速度比美国其他任何大城市都要快。

## 城市经济活动

城市不仅是人们消费各种福利的地方，也是生产这些福利的地方。这些福利既为本地居民享用，也为腹地和世界各地的人服务。这些商品和服务都是通过市场和政治行为来分配的。两者在完全不同的激励机制和限制条件下运作。

城市降低了一些东西的成本，但同时也增加了其他东西的成本。建造水库、医院或电力线路这些高固定成本的工程可以惠及城市区域内的大量居民，从而降低了人均成本。同样的工程如果建在地广人稀的乡村，人均成本则会更高。城市还有其他方法可以降低生产成本。在城市范围内进行的许多经济活动，可以更方便地就近获得互补资源。也就是说，在时间和金钱上都能降低运输成本。如果一台复杂的机器出了故障，制造商更有可能很快在大城市找到合格的修理人员，从而减少机器无法运行的时间。

在城市里，有些成本更大，而不是更少。例如，污水处理在人口稀少的农村比在城市的人均成本低。在乡村，人类废弃物以及废弃的食物都能随着废物的分解被土地吸收。在地广人稀的地方，河流和溪流也可以安全地吸收部分污水和丢弃的食物。如果每一种杂质都是致命的，人类也就不可能存活上千年。但是，在50平方英里土地上生活的100万人产生的人类废弃物和废弃食物并不能被土地或水完全吸收，因为垃圾产生的速度比土地和水消化的速度快。如果不花大代价建设健全的供水系统和污水处理系统，水质很快就会变差，不能再当作饮用水，甚至不能当作生活用水。许多城市的土地上都修建了道路或者建筑，所以化解垃圾的能力会更弱。因此，丢弃的垃圾本身就是一个对公共卫生致命的威胁，除非配备昂贵的废物处理系统，可以不断地收集城市垃圾并将其运出城外处理。

城市的犯罪治理成本也更高。因为小地方属于熟人社会，居民大部分都互相认识，一个陌生人很容易被发现；而城市居民密集，很多人都不用真实姓名，这就便于犯罪分子逃脱侦查。而且在小社区里，个人关系更有利于证人出面指认罪犯，甚至在犯罪行为发生时阻止犯罪或者报警。

简言之，在一个小社区里是公民和警察一起进行犯罪治理——前者是免费的，无须纳税人供养。而在城市里，犯罪治理的任务更多地落在警察身上，因为城里的居民不太可能会介入，甚至不愿意作为目击证人出来作证。特别是关系密切的城市邻里，大家都是亲戚或者多年的老朋友，这些地方的犯罪治理成本也可能跟小地方的一样低。此外，即使是住在这类社区或邻里的陌生人也能从中受益，因为罪犯知道这些地方不是理想的作案场所。但是，城市作为一个整体很难有这样的优势。因此，城市居民必须为警察的保护付出更多的成本，因为仅靠普通公民的威慑或干预是不可行的。

低收入社区的城市居民在药店、五金店和其他百货店购买日常用品花的钱也相对更多。原因之一是在小社区开立大超市或者零售大卖场并不现实，因为小社区并不能构成规模经济。也就是说，这种社区商店的运营成本更高，所以卖的商品价格也会更高。一次性把大量商品运送到沃尔玛超市和把同样的商品小量多次运送到散布在小镇各个角落的小商店，两者相比，前者成本会更低。从经济上看，在亚利桑那州的佩吉城（一个约 7000 人的社区）开一个沃尔玛超市是可行的；但如果是在一个 7000 人的低收入城市社区开一个沃尔玛超市就不现实。

佩吉城之所以能开一个沃尔玛超市，是因为它坐落在一条高速公路上，可以辐射离佩吉距离较远的客户。而且这里有一个巨大的停车场，客户可以找到地方停车。也因为这个地段的土地价格便宜，所以建一个大停车场也在情理之中。而城市低收入社区的人一般不太可能用得起汽车，小商店也没能力买块地去建一个停车场。此外，如果这种低收入街区刚好犯罪率高，那外地的人也不太可能在那里购物，但是他们会从很远的地方开车到佩吉城的沃尔玛购物。

犯罪和暴力会直接影响一个地方的经济。因为当暴乱破坏了许多或大部分的企业之后，不会有后来者愿意进来弥补空缺。正如之前已经提到的，在 20 世纪 60 年代短短的 10 年间，芝加哥西区的动乱导致该地区四分之三的企业或倒闭或被迫放弃。然而，这些低收入社区的居民——他们大部分人既不是罪犯也不是暴徒——最后却要为他们当中的那一小部分人的罪行付出更高的代价。

确定城市对总体成本的影响是没有必要的。首先，没有总体成本这一说法，只有对特定的个人和企业产生的特定影响。他们可以自己权衡影响他们的成本和利益。那种认为旁观者能比直接参与的人做出更好的决定的假设，就催生了许多城市谬误和各种经济和社会灾难。人们认为：与结果没有利害关系的第三方的决策，无论在道义上还是政治上，都应该超越那些与结果有利害关系的人的决定。这种观念已经被制度化，在大学的“城市规划”研究、在“智增长”法律和政策、或在停止“城市蔓延”或治愈社区“堕落”的各种改革运动中都有体现——上述这些也是第三方选择的对它们的定义。

## 贫民窟和犯罪

有一个最古老的城市谬误是“贫民窟是犯罪的温床”。相对于经常修建高档新房的富人区，破败街区的犯罪率确实会高很多。然而，正如统计学家长期以来所指出的，相关性并不代表有因果关系。此外，即使有因果关系，也不能确定谁是因谁是果。是破乱的外在环境导致了犯罪行为？还是因为犯罪行为致使外在环境不断被破坏，妨碍了当地居民获得更高的收入？是不是换个更好的环境，这些居民的收入就能提高？

一个多世纪以来，政府政策背后的普遍逻辑是，恶劣的外在环境助长了犯罪和其他危害社会的活动，以及参与这些活动的个人。正是基于这个观念，政府开展了大规模、高代价的行动，拆除贫民窟或“堕落的”区域，并且将这些地方的人安置到政府住房项目新修建的房子里，或者把这些人和家庭从破落的社区分散安排到好的社区。

无论外在环境与犯罪率存在因果关系这一信念有多少合理之处，作为一个假设，都应该通过经验验证。在现实世界，这个假说很少能经受住事实检验，甚至与事实相违背。在简·雅各布斯（Jane Jacobs）的关于城市生活的经典著作《美国大城市的生与死》（*The Death and Life of Great American Cities*）中，她回忆了一个名叫“北端”的波士顿工人阶级社区，然后与一位她认识的城市规划师讨论了这个区域。在北端居住的都是贫穷的意大利移民。就像许多其他社区一样，这里住的都是刚开始白手起家的人，所以最初的环境是非常拥挤和破败的。然而，随着时间的推移，这些意大利裔美国人和他们的后代开始在美国的经济和社会中找到了自己的位置。社区环境随之有了改善，因为许多人有钱了之后就搬了出去，拥挤问题得到缓解。留下来的人则通过修缮房屋和增加新的设施来提升他们的家园。但是，第三方观察者看不到这些人在自己的家院墙内做的修缮，更不可能看到这些人为了适应美国的生活和规则做出的努力。

当简·雅各布斯打电话给一个城市规划师朋友，告诉他她在游览北端时，她的朋友却问：“你怎么跑到北端去了？”他大声说道，“那是一个贫民窟！”接下来就是他们之间的对话：

“在我看来，这里看起来并不像一个贫民窟。”我说。

“什么？这是波士顿最糟糕的贫民窟。每英亩里挤了 275 个住宅单位！虽然我不想承认我们在波士顿还有这样的地方，但这是事实。”

“你有其他关于这个地方的数据吗？”我问。

“是的，很有意思。那个地方是波士顿犯罪率、发病率和婴儿死亡率最低的区域之一，也是租金和收入比最低的区域。天呐，这些人是能够讨价还价了吗？让我想想……那里的儿童人口约是全市的平均水平，刚好持平。死亡率低至8.8‰，全市的平均死亡率为11.2‰。结核病死亡率非常低，不到万分之一，居然比布鲁克林都低，实在难以置信。在过去，北端曾经是波士顿结核病最严重的地方，但一切都发生了变化。他们一定变强壮了吧。不过，那地方总归还是一个可怕的贫民窟。”

“应该多点像这样的贫民窟。”我说。

简言之，这些不争的事实与波士顿的城市规划者及其他所有的城市规划者的假设都是相悖的。然而，他唯一的反应是把这些事实看成孤立的反常现象。与他用来定义贫民窟的住房统计相比,这是一些他觉得“有趣”和“难以置信”的东西。和许多受过教育的专业人士一样，他也想不到这些没有受过多少教育的工人阶级做了一件了不起的事情，而且他们的这些成绩打破了城市规划者和其他专业人士的刻板印象。而对那些有权的人来说，北端只是一个贫民窟，一个需要被拆毁的地方。

波士顿并不是唯一一个容易被外在表象误导的地方。旧金山也同样如此：

在20世纪60年代，旧金山有这样一个街区，居民收入最低、失业率最高、年收入在4000美元以下的家庭数量占比最高、教育程度最低、结核病率最高，不合格住房比例全市最高。那个街区叫唐人街。但是在1965年，整个加利福尼亚州，只有五个华人后裔被判处入狱。

然而，居住条件差会导致社会病态的观念代代相传。但是上升到国家层面则要追溯到赫伯特·胡佛（Herbert Hoover）当政的年代，并在继任者富兰克林·罗斯福（Franklin D. Roosevelt）推行罗斯福新政时得到进一步发展。正如简·雅各布斯指出的：

> 胡佛在白宫举行了第一次关于住房问题的会议，主要是批判城市的道德恶化，并对简单的农舍、小城镇和草地高度评价。而政治反对派代表同时也是负责新政的绿色地带示范郊区的联邦政府官员雷克斯福德·G. 特格韦尔（Rexford G. Tugwell）说："我的想法是在远离人口密集的地方，购入低价土地，然后建立一个完整的社区吸引人们前来入住。最后，拆毁市内的贫民窟去建公园。"

任何一个街区的拆迁不仅仅是破坏这个街区的物理结构，同时也会摧毁将社区内紧密联系在一起的人际关系，因为它的居民被驱散得七零八落。

第三方观察者有这样的权利和责任，即他们可以不遵循别人本来计划的生活方式，而是另外安排他们的生活条件，这样的观点放在美国一点也不稀奇。欧洲各国则把这一信念进一步"发扬光大"。在美国，尽管宪法保护私有财产，但是宪法也赋予了政府土地征用权，即政府可以征用私人房屋和土地用于建设"公共事业"，如建水库、桥梁、公路等。所以，政府才能如此大规模地重新安置人口。即便如此，政府只是象征性地为没收的财产支付"正当赔偿"。而且，近年来，对此类宪法条款的司法解释更宽泛，为政府官员以"城市重建"等名义侵占私人财产找到了法律漏洞。

被政府征用了私有房屋土地后，业主要想得到那份"正当补偿"可不是件容易的事。政府官员聘请的估价师在做价值评估的时候，并不能做到公平公正，因为他们评估的价值高低会影响到他们将来是否还能被政府录用。显然这里有利益冲突。即便是一个客观真实的评估结果，政府要是强行使用土地征用权去拆毁一个地方并重建，那么这个地方的房产市值就会下跌，而且很可能是急剧下跌。因为潜在的购房者不太愿意在计划要拆毁的街区购房。从政府宣布重建计划到最终正式实施土地征用并拆迁的这个期间，银行也变得不太愿意向这一地区的房主或企业放贷。因此，即使该地区以前并没有多破多差，但没有了贷款来源，这些家庭和企业就无法维持现有水平，更谈不上升级改造了，所以情况只会恶化得更快。

然而，从根本上来说，政府补偿的是他们拆除的房产的价值，而不是财产所有者损失的价值。像餐馆、理发店或五金店这样的小业主在自己的地盘上开店营业，他们不仅仅是投资购置了一个营业场所，还投入了多年的精力去建立自己的声誉，开拓和维系自己的客源。而且，几年时间下来，他们的客户才是最有价值的，店面则不一定多值钱。所以，当政府看中了这块地，并决定拆除现有房屋和企业办公地去建新楼的时候，它给这些房屋业主的补偿仅限于拆毁的房屋的表面价值。但是业主们的实际损失并不止这些，因为他们失去了赖以生存的客户群体，这些客户都被迫迁居到别的地方，散落各地了。

业主并不是唯一要为重建腾出空间而被迫迁出的人，经济上的损失也不是唯一的损失。例如，波士顿的一个关系紧密的社区被迫搬迁后，通过对社区中流离失所的人的研究发现，他们中有一半人变得精神失常或者患上了抑郁症。也有不少人能在别处找到更好的住房，但是相比被迫搬迁前住的房子，其中 86% 的人现在的租金比以前高了。这些主要针对的是流离失所的白人。其他研究显示，更多流离失所的黑人也经历了同样的情绪反应，而且他们搬迁后付的房租比搬迁前付的高更多。一项针对一般流离失所者的研究得出的结论是：平均每个被迫迁移的人，他们那部分没有被政府补偿的损失相当于他们一年收入的 20%~30%。

转移人口和资源应该遵循的理性原则是，最终建造的社区要比被拆毁的社区更有价值。如果能满足这条准则，那么结果应该是遭受损失的人能得到完全的赔偿，补偿完这些人后还有足够的剩余资源让新来者也能过得更好。但是，即便政府提供的赔偿只占人们损失的一部分，那么哪怕拆旧的损失比建新的福利还多，政府的重建计划无论是在经济和政治上仍然是可行的，因为还有大量不情愿自己的土地被征用而被迫拆迁的受害者承担了很大一部分损失。换句话说就是，那些计划和推行这种资源和人口重新配置的人，在行使这些权力的时候受到了某种激励，这种激励让他们不惜代价推行这个计划，即便这个计划本身最后对社会已无益处。

对社区造成的破坏也很难量化赔偿。即便当局想进行赔偿，实际也难以实现，因为很难对被扰乱的人际关系进行标价。随着社区居民迁散各地，原本居民间的紧密联系就不存在了，这种邻里关系的破坏可能会使犯罪率增加。如果真的要标价，那最好的办法就是，花多少钱才能让这些居民自愿放弃自己的家园和企业搬迁，那这个价格就是标价，而不是动用政府的土地征用权来强占别人的家业。

大多数政府对人和资源的重新配置是基于这样一个假设：即将人从恶劣的物理环境中移到那种第三方人士所认为的更好的物理环境后，一般的社会问题（特别是犯罪问题）就会减少。这种假设不需要由规划者、政治家、官僚或法官来检验，因为即便做错了，这些人也很少真的会付出任何代价。他们也不太可能对不同的人的生活、价值观和行为模式有那种深入的了解，而是把老百姓当棋子一样在棋盘上移动，以方便他们进行一些宏伟的设计。如果考虑到犯罪动机和作案的不利条件，那么试图通过摧毁贫民窟来减少犯罪的做法，最后不仅仅被证明是徒劳，甚至是适得其反的。

无数事实反复验证了，将贫民窟居民迁入崭新的公共住房社区，最后只会在这些新社区制造新的犯罪中心，新社区也将迅速沦为新的贫民窟。广受好评的社会项目，如圣路易斯的普鲁伊特 – 艾戈（Pruitt-Igoe）项目，就在实践中遭受了难堪的失败，最后不得不炸毁。2002 年，费城炸毁了 20 座高层公共房屋。芝加哥炸毁了 28 座 16 层高共有 4000 套住房的公寓楼。虽然这些项目已被拆除，但在背后推动这些项目的基本假设并没有被根除，还在产生影响。在相似的基本假设之上又有更多的项目开工，如发行住房凭证，让贫民窟居民搬到中产阶级社区生活——完全不顾这些中产阶级社区的人为了远离流氓和犯罪分子，付出了很多年的奋斗才搬到现在的社区。如今，政府却要把这些危险因素安置进来。这种情况在芝加哥地区尤为突出：

> 芝加哥南部郊区，是全美国发放住房凭证数最多的地方之一。该地的中产阶级非裔美国人抱怨，本来以为自己好不容易离开了贫民区，现在却发现联邦政府正在补贴这些贫民窟的人搬进社区跟他们生活在一起。

其后果就是“那些持住房凭证的租户住进来之后就出现细微的混乱迹象”，如不修剪草坪、购物车乱放在街上、孩子没人管、音响震天响到深夜。这些现象都不是芝加哥地区特有的。类似对凭证租户的投诉已经将全美国各个城市的地方官员淹没了，从费城到马里兰州乔治王子郡、伊利诺伊州里弗代尔的郊区，再到加利福尼亚州的安提克市，都是如此。在乔治王子郡，凭证租户经常不支付公用事业费用和他们应承担的30%的租金。在里弗代尔，一所曾享有盛誉的学校的学术水平以明显的速度下降了，很好地驳斥了“将贫困家庭的孩子送到郊区好学校读书,就会让这些孩子耳濡目染受到好教育”的观点。安提克居民常常抱怨:“在街上，黑帮成员总是大声开着汽车音响，很刺耳。未成年人喝酒也是随处可见。”

2005年卡特里娜飓风袭击新奥尔良之后，针对该地区的一项偶然性的实验结果也发现了相似的状况。飓风过后，休斯敦市迎来了从新奥尔良逃离出来的10万难民。在这些人当中，有的家庭平均收入还不到休斯敦当地居民家庭收入的一半，子女的学习表现也不如当地的孩子，甚至新奥尔良的谋杀率也是休斯敦的四倍。所以这些人移居过来后，休斯敦的犯罪率急剧上升，尤其是谋杀案。

无论是将人转移到政府住房项目中，或是给他们住房凭证让他们搬到中产阶级社区去生活，还是把大量的人从一个城市转移到另一个城市，最后的事实都很清楚地证明：改变得了他们的生活地点，但改变不了他们的行为。然而，潜在的假定一直主宰着社会思想和政府政策，而这两者都是由那些生活不需要迁移的人，还有那些不需要为错误付出代价的人所决定的。相反，那些为此付出了个人和事业上的双重代价的人，他们会承认那些假设错了，因为这些无根据的假设扰乱了成千上万人的生活，浪费了纳税人亿万美元的钱。

## 城市扩张

自 20 世纪 50 年代开始，规划者和社会改革者制定了各种方案，试图限制各个社会阶层的人的住房选择。在这些方案中，有的通过房屋限制政策提高房价，人为地限制了低收入人群的住房选择，有的则瞄准了那些搬离城区到郊区生活的富人,创造了所谓的“城市扩张”概念。尽管“城市扩张”这个词的定义并不明确，但对它的攻击却来自方方面面。有时是从审美的角度，有时是从经济的角度，有时又是社会问题。

批判城市扩张的领军人物刘易斯·芒福德（Lewis Mumford）说：

> 在飞机上从高空俯视伦敦、柏林、纽约或芝加哥，或者通过城市地图和街区规划来查看城市的示意图时，城市的形状是什么？它们如何定义自己？

像许多其他评论家一样，他对从高空俯视下的城市的“扩张和奇形怪状”感到惋惜。换言之，许多关于城市扩张的美学批评是，从城市上空飞过时没有哪个第三方观察者会被下面的景观吸引。但很明显，如果这种发展对那些移居到这些地方的人没有吸引力的话，那就不会发生城市扩张这种情况。这些批评的根本依据在于一种推定，即与地面居民的品位相比，第三方观察者的审美定位更重要。这一推定往往是明确的，而且一个多世纪以来一直是对城市扩展到周边农村的批评的一部分。

现代评论家把郊区化或“扩张”归咎于汽车，就像19世纪的威灵顿公爵指责新造的铁路让“老百姓到处闲荡”一样。显然，如果真的“没必要”的话，老百姓也不会没事到处晃荡。由此可见，公爵的责难不过是第三方精英觉得比起别人自己花钱决定该干什么，他们更有发言权。“他们的品位实在不高。”另一位英国评论家在1932年评价那些要“摧毁”乡村的人时如是说。类似的美学评论在20世纪后期美国民间歌手皮特·希格（Pete Seeger）的歌曲中有体现。他在歌曲中把郊区的房屋（如在加利福尼亚州的戴利市郊区的房屋）比喻成“廉价俗气”的盒子、“千篇一律的盒子屋”。

显然，如果那些购买这些房屋的人更看重房屋的特色，而不是大规模生产带来的低房价（虽然这会让房子变得大同小异），那么这种发展就不会存在了。那些有更高的追求和偏好的人，仍然可以自由选择居住在更有特色但是也更昂贵的住房里。此外，这些被鄙视的“廉价俗气”的盒子屋，对那些从拥挤的城市公寓里搬出来的人而言，很可能意味着居住环境的提升。因为没有几个人会从贝弗利山搬到戴利市，或从公园大道搬到莱维敦生活的。如果真是这样，那就太奇怪了。对郊区“扩张”的审美批评只是众多批判当中的一个，但也是最核心、最持久的，因为它是主观的，它不能被任何客观事实所驳斥。而其他对“城市扩张”的批判是可以被事实反驳的。

人们除了批评郊外社区房屋本身的质量问题，还对社区扩张的无序性进行指责。然而，那些在天空俯视的第三方观察者眼中不成样子的郊外社区模式，并不意味着社区模式不如居民的意——毕竟，郊区居民的生活不是为了取悦无关的第三方人士。

“规划型”社区——无论是政府规划的，还是私人开发商根据政府规划委员会的指示或限制规划的——可能更容易满足观察员的成见，不用考虑大多数人要求的功能需求。一个国际知名的规划社区——瑞典的魏林比（Vällingby）——是个例外，而不是惯例。在瑞典这样的国家，多数人居然选择住在这个看上去像“未规划的”社区，而这种没规划的“混乱”社区在美国和世界其他国家都大受诟病。正如一项研究指出的：“有了高速公路、购物中心和‘大盒子’宜家大卖场，斯德哥尔摩的大部分郊区看起来更像是美国郊区，而不是魏林比。”

在一些地方，所谓的“智增长”不过是政府强把观察者、评论家、活动家或“专家”的偏好置于老百姓自己的意愿（即他们自己决定怎么花钱买房或者租房）之上。虽然“智增长”是个新词,但它的概念本身并不是。伊丽莎白一世女王（The first Queen Elizabeth）在 16 世纪颁布了一项法令，禁止在伦敦城的周围建房。几个世纪以后，1944 年精心制订的“大伦敦计划”和其他控制伦敦城扩张的计划，如土地使用法的根本性改革，最终也未能阻止伦敦周边城市的扩张。

如果像看计划经济和非计划经济那样来看待“规划的”和“未规划的”社区，会将人引入歧途。在这两种情况下，独立于政府官员的个人和企业并不是随意做出决定或者胡作非为的，他们也像任何计划委员会一样认真。在现实中，政府计划意味着压制个人计划，施行政治或官僚集体决策的计划。中央计划经济大部分在 20 世纪末被市场经济所取代。这表明，对观察者更有说服力的东西，最终产生的结果未必是大多数人所期望的。“未规划的”社区就像“没有计划的”经济，必须以广大人民的愿望为指导，施惠于民，不论这些愿望是否为第三方观察者所理解或赞同。

批评者对“城市扩张”的具体事实的要求，有别于其美学或其他设想推定，能够在现实中接受检验。在这些要求中，呼吁限制增长的法律是必要的，可以保护迅速消失的开放空间不被建筑挤占。但是，如前所述，美国已开发的土地面积大约仅占整个国土面积的 5%。换言之，如果美国的每个城市和城镇的规模都翻了一番（这可能需要几代人的时间），仍然还有 90% 的未开发土地。一些地方（如果不是大多数）在“开放空间”保护的立法和政策上的要求是紧迫而严格的，很多地方都是没有任何建筑物的广阔土地。

例如，在2006年，旧金山湾区的各种保守团体主张预留额外的100万英亩土地作为开放空间，并要求法律禁止在这些地方修建任何建筑。尽管如此，正如《旧金山纪事报》报道的那样，“湾区享受的开放空间可能是全世界大都市中最多的。”在旧金山海湾区域450万英亩土地中，仅72万英亩被开发了——也就是说，尽管开放空间拥护者可能建议设法保存最后几片绿地免遭破坏，但整个湾区还有六分之五的土地仍未被开发。法律明令禁止在超过100万英亩的土地上面建造任何东西。

然而，一个开放空间保护团体联盟无视人口增长和全国房价飙升的现实，主张限制开放另一百多万英亩土地，无疑是给当地疯涨的房价火上浇油，漠视当地居民平均收入的一半都是用来供房的现实。

这里的问题不是追求开放空间是否可取，而是对更多开放空间（或者更多其他任何东西）的无限承诺是否可取。尤为重要的是，当改革派用豪言壮语来承诺一些看似符合期待的东西时，需要冷静下来权衡成本和收益，因为改革派很少会停下来分析成本和效益。

与此有关的另一个主张就是保护农业用地。不仅在美国，在其他国家也是一样。农业生产过剩在有些国家甚至是几代人都难以解决的老大难问题（如美国和欧盟国家）。即便在这样的国家，保护农业用地的主张还是很普遍。事实上，美国政府给农民补贴亿万美元的资金，就是为了不让他们继续种地增产，以尽量避免更严重的农业生产过剩，造成经济损失。

那么多的农田没有人去耕作，用于建造居民区的土地资源也很充足。这些事实对那些鼓吹“农田流失”危机的人来说，应该是最有力的反击。所以，事实上，真正的立法需求（防止土地性质发生转变）与立法的根本依据（证明立法的合理性）是相矛盾的。但现实却是，对于第三方观察者来说，他们的观点得到了知识分子的认可，也得到了媒体的响应，最后在政治上获得了成功，实际涉事其中的当事人的愿望反而已经不重要了。因为那些想租房或者想买房置业的人，他们的愿望被精英阶层左右的法律打破了，只能默默承担背后的经济损失。

至于指责城市郊区化扩张造成环境污染，也是一种难以经受经验证据检验的观点。诚然，人多的地方会因为燃烧燃料而产生更多的空气污染，水污染及其他废物的污染也更多。但这是一个相对概念，只是相对于开放、无人居住的乡村而言确实如此。但是，是人类（而不是他们所处的位置）产生污染，又消耗自然资源。

当城市中一半的人迁往乡下，那一半的污染也会出现在乡下。但如果是这样的话，那就意味着，他们原来生活的城市的污染只剩下原来的一半。人口迁移会让迁入地的总体污染、自然资源使用量都增加，这是毋庸置疑的，也是经过事实验证的。相比人烟稀少的地方，人口密集的地方污染更严重、资源消耗更多，这也是事实。此外，很多人急于去保护的农田其实是地下污染源之一，因为农作物生长所需要的化学物质会渗透到地下污染地下水，杀虫剂和化肥也会对空气产生污染。

人们常常认为郊区化意味着更多地使用汽车，进而增加了燃料的使用，加剧了空气污染。如果郊区所有的人都到中心城区工作，那这个想法是没有错的。但城市扩张不单单是人口向郊区流动，还包括就业机会也向郊区转移。此外，城市扩张并不是一个新的模式，很久以前就出现过。在 20 世纪初，美国三分之一的制造业就业岗位都位于中心城市之外。到 20 世纪中叶，这些岗位还有一半位于中心城市之外。同样，随着伦敦人口在 20 世纪 20 年代向郊区蔓延，郊区之间的通勤变得和从郊区到伦敦城的通勤一样普遍。在 2008 年,《经济学人》杂志报道了布鲁金斯研究所的一项研究:“在美国的 100 个大都市区中，市中心以外 10 英里的就业岗位占了 45%。”

这种模式在德国汉堡和北欧其他城市也出现过，而且在很大程度上超过了南欧城市。许多美国城市也出现了类似于伦敦的模式:

> 20 世纪 20 年代，北美洲城市向郊区扩张的趋势比欧洲的规模更大。在旧商业区中，零售和办公用地的扩大和集中导致了居住在城市中心的人数急剧减少。在这一趋势下，美国城市跟伦敦城的发展过程一样，城中心商业区在工作日非常拥挤，但是到了晚上和周末却非常冷清……
>
> 前所未有的富裕、便利的公共交通，以及日益增长的汽车保有量，使得美国大部分城市人口，甚至包括大部分蓝领家庭，都可以选择住在郊区独门独户的房子里。这些住房大部分是由数以千计的小型房地产开发商开发的住宅小区。在 20 世纪 20 年代，成片的房屋在成百上千平方英里的土地上拔地而起……虽然到了今天，很少有美国郊区的中产阶级父母会认为一大家子人住在一幢 1000 平方英尺的平房里是一件很美好的事情，但是在当时，有一个独门独户的房子，一家人住在自己的房子里，开开心心地整理属于自己的院子，这简直远远超出了当时人们的美好期望。

总的来说，今天的郊区化是否会导致更多的开车通勤是一个经验主义的问题，而不是一个必然的结论。不同的地方，答案都不一样。在郊区化时代，许多地方的空气质量反而在改善。这一事实表明，城市扩张导致更多的污染并非铁律。同样，保存开放空间也不一定会减少污染。

保存开放空间会推动房价上涨，越来越多买不起工作地周边房子的人就要住在远郊开车上下班(汽车多就会造成空气污染)。虽然一些工作可以随人迁出城外，但并不是所有的工作都能这样随人迁徙。只有城里的消防员才能去扑灭城里的火灾，城里的警察才能处理城市犯罪，城里的教师才能教育城市儿童，城里的护士才能去照顾城里的病人或受伤的人。但在这些特定职业中，大多数人都负担不起城里的房价，因为旨在防止“城市蔓延”的土地使用限制，把房价推到了极高的水平。因此，这些人只能在自己能买得起的区域找房子住，不管这个地方离工作地点有多远。简言之，我们并不能确定限制土地使用对减少公路拥堵或空气污染是否真的有效。

## 经济学的正确思考

千百年来，在世界各国，城市不仅是人口集中地，更是工业、商业、文化和艺术企业的集中地。事实上，正是这些企业吸引了人们进城。此外，城市一直是许多不同文明的“先锋”，新的做事方式被发展并传播到各个城市和农村地区。因为许多城市都是在港口的基础上形成的，无论是在河流还是海洋港口，它们不仅进口货物，而且还引进新思想和新技术，然后这些新思想和新技术随后从港口城市扩散到腹地。就像人类一样，城市也不是完美的，有得必有失——一些事实被大多数人实事求是地接受，但同样的事情，也有部分人把它们当作悲叹、改革，甚至更糟的是“革命”的借口。

爱德华·班菲尔德（Edward Banfield）的经典作品《凡间的城市》（*The Unheavenly City*）提醒我们，城市从来没有完美过。这本书提到，许多当前的城市问题并不是新出现的，政府干预的建议不仅不会使事情变得更好，甚至会变得更糟。针对围绕着城市社区和城市人口分散，有许多复杂的经验问题，有许多研究都在分析这些问题，其中一些研究结果是互相矛盾的。但是，大部分关于城市扩张的研究不是基于经验证据，而是基于威灵顿公爵的观点，即普通人不必跑到那些上层阶级想要把这些普通人拒于门外的地方。

将普通大众拒之门外的诉求能否取得政治上的成功有待商榷，尤其是这种诉求在实际中的行动表现出来，而不是用高级、理想的环境这套言辞来包装的时候。如果说是政府要投入价值上亿美元的土地为富人区周围建立一个广阔的缓冲区，那么很少会有人投票支持，尤其是这样的缓冲地带是为了隔离普通百姓，以别人利益为代价为少数富人留出一片美景的时候。相反，政治修辞集中在赞扬某一社区的特定生活方式、"拯救"绿色植物或动物栖息地上，仿佛这些动植物濒临灭绝的危险，而事实上这个国家90%以上的土地都未被开发。某种生活方式的福利是没有问题的，唯一的问题是谁应该为这些福利买单。如果那些享受这类福利的人都不愿意买单，那么为什么纳税人或到处找便宜住处的市民，要被迫补贴经济状况比他们还好的人呢？

从政治上讲，今天很少有人能像19世纪的威灵顿公爵那样直言不讳。在现代，反对郊区化的理由是：从飞机上俯视，郊区化实际上并不那么美观。如果有些人觉得自己的感情被从飞机窗户向外看到的东西所冒犯，他们完全可以关上窗户。但有些人却宁愿为一己之私扰乱地面上千百万居民的生活。

# 性别事实与谬误

在大多数社会的主要历史时期，女性的收入比男性低，这是一个不争的事实。存在争议的（并产生诸多谬误的）是人们对这一事实做出的各种解释。

看似合理的解释有很多种：雇主可能歧视女性；家长可能对女孩和男孩采取不同的抚养方式；女性和男性在教育或职业方面可能具备不同的技能或做出不同的选择。以上几种和其他未提到的解释通常被总结成一个普遍的结论：无论何时何地，当女性和男性在就业、报酬或晋升方面出现重大差异时，必定存在对女性的歧视；若这种差异随着时间的推移而缩小，那么一定是性别歧视减轻了。而歧视的减轻则源于政府和女权运动的压力，以及社会整体认知水平的提升。

这种推理在媒体、政界和法律界都非常盛行，但这种解释却经不起历史和经济学的检验。它是我们这个时代的重要谬误之一。

## 从历史角度验证

毫无疑问，从儿时起，女性和男性就经常被区别对待。在某些社会，女孩受教育的比例和程度都不及男孩。因而在这类社会中，女性平均而言较难胜任那些对教育水平有要求的工作。实际上，这些社会抛弃了其半数人口在经济和其他方面的潜在贡献。在儿童教育方面存在的性别歧视，显然会导致成年女性和成年男性之间的收入差距。即使雇主不歧视同类工人，这种差距仍然会存在，因为女性和男性拥有不同水平和种类的知识、技能和工作经验。

如今，对女孩的教育实施严格限制的社会已经很少了，至少在西方国家是如此的。然而，雇主对女性的歧视是否存在或者程度如何，以及性别歧视是否能够或在何种程度上解释女性和男性的收入差距，目前尚无定论。因为无论基于任何原因，男女在就业资格方面的差异往往都是显而易见和真实存在的。此外，这些差异会随时间而改变，因此两性之间收入差距的缩小不能自动归因于雇主歧视的减少，因为这也可能是他们在教育、工作经验或外出工作的机会方面逐渐趋于平等的结果。所有这些问题都需要经验证据，而不是笼统的假设。

据《经济学人》杂志报道，即使在 21 世纪，"全世界三分之二的成年文盲仍是女性"。然而教育领域的另一端，在工业最发达的国家中，接受高等教育的女性数量与男性相当——在部分国家，接受高等教育的女性数量甚至超过男性。在日本，女性和男性接受高等教育的比例是 90：100；在美国这一比例为 140：100；在瑞典该比例达到 150：100。女性在高等教育中的优势不仅体现在数量方面。2006 年，据《纽约时报》报道："在像哈佛大学这样的精英机构、狄金森学院这类小型文科学院、威斯康星大学和加州大学洛杉矶分校这样的大型公立院校，以及佛罗里达大西洋大学等相对较小的学校里，女性获得荣誉学位的比例轻松压倒男性。"但是这些成绩是最近这些年才取得的。

导致性别收入差距的另一个原因是男女体力方面的差异。在历史上很长一段时期，大多数国家的主要人口从事农业生产及其他对体力要求很高的行业，如采矿、船运或冶金，体力因素的影响重大。如今，机械动力取代了人类肌肉，削弱了体力的重要性，以至于今天很难想象体力因素在几个世纪前有多么重要。在利用原始工具进行农业生产的阶段，最贫穷的家庭没有多余的食物来弥补女孩无法自给自足的短板。对这些赤贫人口而言，女婴通常被视为家庭生存的威胁。

随着机械动力取代人类肌肉，以及无须依赖人力或机械动力的产业和职业变得愈加重要，性别和年龄方面差异的影响不再像以前那样显著了。从经济结果来看，人们取得巅峰收入时的年龄上升了，这说明现在经验和技能比体力更重要。其他经济成果，包括男女工资差距缩小，甚至在规定同工同酬的法律通过之前就已经实现了。

女性与男性之间另一大生理差异——生育，仍然发挥着重要的经济影响。母亲这一群体的收入远远低于男性。抚育婴儿和儿童的女性，为了履行家庭责任，无法维持连续和全职的工作。特别是涉及高端职业时，生育因素的影响尤为突出：

> 在艺术和科学领域，通过对某个学科多年的努力研究后，人们平均在40岁左右取得个人的最高成就。而如果女性决定抚育孩子的话，大部分会在这个年龄前生育。

尽管这些及其他关于男女之间经济差异的因素的权重还无法精确衡量，但却能够提供具有参考价值的经验数据。

历史在检验关于男女职业和收入差异的流行观念方面起到了另一种重要作用。人们普遍认为，自20世纪60年代起，美国女性在职业和其他高端行业方面的崛起，应该归功于政府推行的反歧视法律和政策，而法律和政策的实施则得益于女权主义等运动提高了社会的开化程度。这些观点看似合理，但无论何时，要判定任何变量之间是否存在因果关系，都应该检验变量之间的变换是否具有伴随关系，以及这些变量是否与其他未考虑到的因素存在关联。

## 女性在高等教育和专业职业领域中的比例下降

历史表明，20 世纪女性的职业发展变化不能简单用雇主歧视态度的变化来解释。

事实上，在 20 世纪初，女性在职业和其他高级职位中所占的比例要高于 20 世纪中期——而当时，反歧视法还未通过，女权运动也尚未兴起。例如，1902 年名列《美国名人录》（*Who's Who in America*）的女性比例是 1958 年的两倍以上。1964 年出版的一份研究报告总结道：“20 世纪头 20 年是女性学者的黄金时期。”该报告同时指出，女性在学术界比例的变化趋势是“从 1910 年开始上升持续到 1930 年，此后开始下降，近年来有所回升”。

客观数据证明了这一趋势。1921 年和 1932 年，博士学位获得者中大约 17% 是女性，但到 20 世纪 50 年代末和 60 年代初，该比例降至 10%。多个学科领域也反映出了这种总体趋势。在生物科学界，20 世纪 30 年代女博士的比例在 20% 到 25% 之间，而到了 20 世纪 50 年代，这一比例降至 12.5%。经济学女博士的比例从 10% 下降到了 2%。在人文学科、化学和法学领域，女博士的比例也出现了类似的下降趋势。1961 年针对大学教师中女性占比的研究发现，该比例低于 1930 年。

这一时期，即使是在由女性管理的女子学院［如史密斯（Smith）、韦尔斯利（Wellesley）、瓦莎（Vassar）和布林莫尔（BYyn Mawr）等学院］，女性教职人员的比例也有所下降。因此，这种趋势不能归咎于男性雇主对女性歧视的加重。此外，即便我们假设雇主对女性的歧视是关键因素，但在这几十年里，女性在高等职业领域中的占比呈现普遍下降的趋势，与随着社会开化程度的提高，雇主对女性歧视减少这一现象又相矛盾。仔细考察，我们不难发现，这几十年里发生变化的并非雇主的性别歧视，而是女性的婚育模式。这反过来也提出了问题：在随后的时间，女性职业发展中出现的积极变化，到底是源于雇主歧视还是婚育方面的变化？历史坚定地支持后者。

20 世纪早期，美国女性在高等职业以及这类职业所需的研究生课程中学习的比例要高于 20 世纪 50 年代，而且女性初婚年龄的中位数同样高于 20 世纪中期。20 世纪初，在女子学院任教的大多数女性都没有结婚。20 世纪 40 年代末之前，在中小学任教的女性也大多未婚。然而，随着女性初婚年龄中位数开始下降，从事高等职业和获得研究生学位的女性比例也有所降低。

## 女性在高等教育和专业职业领域中的比例上升

美国女性初婚年龄中位数在 1956 年停止下降，此后开始回升。从 1957 年起，出生率也开始下降，到 1966 年时已经降回到 1933 年的水平。紧随女性初婚年龄和婴儿出生率变化趋势的是获得研究生学位人群中的女性比例开始上升。

20 世纪 70 年代，拥有博士学位的女性比例提高，到 1972 年恢复至 1932 年的水平。获得硕士学位的女性比例在 1972 年也重新恢复至 1930 年的水平。当然第二次世界大战时期是个特例，当时数以百万计的年轻男性由于参军而无法攻读学位。第二次世界大战结束后，获得硕士和博士学位的女性比例急剧下降到低于 20 世纪 30 年代的水平。当然，这段时间出现了“婴儿潮”，这也再次表明生育会限制女性的教育和职业前途。

20 世纪后半叶，从事高等职业的女性比例继续随着初婚年龄的提高而增加。这一时期，女性初婚年龄迅速增加，到 20 世纪末已经远远高于 20 世纪初；与此相反，婴儿出生率急剧下降，20 世纪末时婴儿的出生率远低于 20 世纪初。随着女性初婚年龄攀升到历史纪录水平，女性在高等教育和高等职业领域的占比也刷新了纪录。从 20 世纪 70 年代起，获得研究生学位的女性总体比例，以及拥有法学、医学学位、哲学博士学位，特别是商学硕士学位的女性比例也都在飞速增长。

婚姻和生育模式对女性工作的影响不仅仅局限于高等职业。男性和女性的总体劳动参与率的差距也在大幅缩减。1950 年，男性和女性的劳动参与率分别为 94% 和 33%。到 1970 年， 这 61 个百分点的差距缩小到了 45 个百分点。到 20 世纪末，这一差距仅为 12 个百分点，此时男性和女性的劳动参与率分别为 86% 和 74%。除了总体劳动参与率外，越来越多的女性参与到此前由男性主导的职业当中，尤其是那些需要大学文凭的职业中。1970 年以后，女性就业的连续性也有所提高，尽管男女在就业连续性上的差距并未消失，且从事兼职工作的女性仍然要比男性多。

20 世纪下半叶出现的积极变化以及此前的消极趋势，都与女性结婚年龄和生育方面的变化有着密不可分的联系。然而，女性与男性的收入差别并未完全消失。这些剩余的差别，在多大程度上可以归因于雇主的性别歧视，而非男女在职业选择或者决定是否从事全职工作方面的差异呢？这是另一个经验问题，既涉及经济，也与历史相关。

## 从经济角度验证

理想的情况是，相较于其他变量，我们希望能够比较那些在教育、技能、经验、就业连续性以及全职或兼职工作方面真正具有可比性的男性和女性，从而确定雇主在对他们的雇用、付酬和提拔方面是否一视同仁。至少，我们可以从雇用、付酬和提拔方面的差别找到衡量雇主歧视程度的方法。鉴于部分变量缺乏数据或数据不完善，我们能够合理推断的最大限度是：除去在一定程度上可以精准和确切衡量的那些变量的经济影响，残余的男女经济差别有多少。残余的差别便是雇主歧视加上其他一切可能存在但未被查明或无法量化的变量的综合作用的上限。然而，即使我们发现具有可比性的男性和女性之间的经济差别为零，也不代表男女在总体上拥有同样的收入，或者能得到同等的雇用和提拔机会，因为整体而言，男性和女性在全职和兼职、教育水平、教育方向或影响收入的其他方面可能存在差异。简言之，即使没有性别歧视，也不意味着男女之间没有经济差异。

## 职业差异

即使女性和男性从事同一职业赚取的收入相同，但由于男女在不同职业中的分布比例存在差异，女性和男性的平均收入并不相同。长期以来，女性和男性在各种职业中的分布比例不同，部分原因是女性所受到的限制，另一部分则源于女性自己做出的选择。

在限制女性离开家门外出工作的时期和地方，即使不存在任何雇主歧视，女性在职业范围上受到的限制也影响了她们的收入前景。换句话说，雇主歧视在多大程度上造成了男女之间的收入差距，社会限制和其他因素又有多大影响，仍然是一个疑问，并且没有必然的结论。很多社会限制，特别是在过去，都是为了防止异性相吸带来的麻烦。

在年轻女子的贞洁是幸福婚姻前提的时代、地方和社会阶层中，家长往往十分担心女儿在缺乏监督的条件下与年轻男子接触，希望她们远离这类工作环境和其他环境，以免发生不贞洁的事情，从而大大减少未婚先孕（这不仅会毁掉女子的一生，还会令家庭蒙羞）的诱因。

出于以上考虑而对女性实行的工作限制，当然会导致性别差异，因为年轻男性外出工作时可能遇到或引发的问题绝没有未婚先孕这般引人注目，也不可能产生如此大的社会和经济影响。在未婚产子的抚养费用完全落在女方家庭的时期和地方，家庭会更加严格地限制年轻女性的自由、交往对象和生活环境，以设法降低这类风险。相较于后期工业和商业兴起后很多工作需要人们离开家门，在农业为主的时代，在家工作并不算很强的限制。

随着越来越多的社会变得更加工业化和商业化，年轻男女外出工作机会的不平衡，决定了收入前景的不同。甚至在此之前，家庭也很可能会允许年轻男性外出从事一些不在父母监管下的工作，如当学徒、水手和士兵。

女性即便从事非农业工作，例如织布，也大多不会离开家门。自那一时代起，“纺织女工”（spinster）一词就有“未婚老姑娘”的意思，一直流传至今。酿造啤酒是另一项可以在家庭作坊里进行的工作，从事这项工作的女性被称为“酿酒女”（brewsters），而男性则被称为“酿酒者”（brewers），像木匠、织工、厨师和牧羊人等职业最后成为家族姓氏一样，这两个称呼演变成了布鲁斯特和布鲁尔。

家庭出于担心而限制女性外出工作，雇主为了挖掘这一巨大的潜在工人来源，采取相应措施，打消了家长们的疑虑。例如，早期的新英格兰磨坊主们，通过全部雇用女工，通常还有年长女性进行监督（尤其是对不回家居住的年轻女孩而言，这些年长女性实际上是监护人）的方式，让家长们确信女工在他们的工厂工作是安全和合适的。甚至在工业时代之前，尊贵的富裕家庭同样能够吸引住家女佣，这可能是由于这类特定家庭的监管和名声被视作通奸风险较低的保证，也可能是因为最贫穷的家庭迫切需要女儿赚取收入，只能甘冒其他家庭所不愿冒的风险。男主人、少爷或男佣对女佣的性骚扰，或者女佣自身无法抵制诱惑，都属于这类风险。

雇主出于不同原因将男女分隔开工作，通常会给他们分配不同的岗位。例如，在一个由男性主导的行业里，如果让女性同男性一起工作，即便这些女性和男性的工作能力相同，也会影响工作效率。这有点类似于在某些时期和地方，工人之间的种族或其他差异会对生产效率有不利影响一样。例如，爱尔兰人和意大利人互相敌视，妨碍了他们完成工作。同理，异性之间的相互吸引也会导致生产效率的降低。

因此，很多行业都是女性的“禁区”，原因很简单：男性劳动力在这些行业中占绝对主导，即使有少数女性希望从事这些行业，雇主也会觉得雇用她们将影响男性的工作效率，结果将得不偿失。如果有大量女性想要进入这些行业工作，雇主则会考虑同时雇用男性和女性，并且将男女分隔开，尽管维持这种分隔并不容易。相对容易的办法是要么只雇用男性，要么全选择女性。

尽管相对于大多数国家以农业为主，以及重工业、采矿业主导一些国家经济的时代，体力已经不再是重要的就业因素，但如今仍然有部分职业对体力有很高的要求。女性显然不如男性更适合这些特定职业，而这些职业中有一部分工作的报酬要高于社会平均工资。据美国人口普查局统计，女性占据文书行政类人员的74%，但只有不到5%的运输设备操作员是女性。换言之，女性坐在办公桌后面的概率要比坐在十八轮大卡车方向盘后面的概率大得多。只有不到4%的建筑、冶炼和维修工人是女性。此外，在建筑工、伐木工、盖顶工和泥瓦工、重型机械和移动设备的机修工和技术员里，女性所占的比例分别不到3%、2%和1%。

这种职业分布产生了显著的经济影响，同样全职工作一年，矿工的收入几乎是办公室文员的两倍。从事重体力劳动和危险性工作（通常也有体力要求）的工人还会获得额外补贴。男性占总体劳动力的54%，而因工死亡者中男性的比例则高达92%。

## 就业连续性

女性就业范围受限除了外部因素以外，也与她们自身的职业选择有关。除了避免选择体力要求超出自身能力的职业外，女性在进行职业选择时还会考虑未来某一时刻成为母亲的情况。由于成为母亲通常意味着一段时间内无法外出从事全职工作，因此离开岗位的成本是职业选择的一个影响因素。

如果某种职业加入了工会体系，离开岗位就意味着资历的丧失，那将影响职位的保留和晋升。这类职业给女性造成的损失要比男性大，也比那些对资历不怎么看重或者压根不看重的职业给女性带来的损失大。虽然有些公司没有加入工会，但也可能有资历制度，其对女性收入前景的负面影响超过男性。资历对公务员来说同样是一个影响因素，对女性收入前景的消极作用也要大于男性。

女性需要照顾孩子，直到孩子长大到可以交由托儿所照看后，妈妈们才能走出家门重新开始工作。除了正式的资历规定外，女性的职业中断意味着女性会比同龄男性少几年工作经验，因为男性通常不会发生这种职业中断。离开岗位对工作效率的影响程度取决于工作性质（从很大到很小甚至可以忽略），由所从事的职业决定。如果晋升是职业生涯的常态，与同龄男性相比，缺乏工作经验的女性显然较难获得晋升。即使有些女性的职业生涯从未中断，但却存在未来成为母亲并不得不中断工作的可能性，相对于任用能力相近的男性，让女性担任高级职位所隐含的风险更高。

工作中断还会使女性蒙受别的损失。对职业技能的要求不断变化，不同职业的变化速度并不一样。例如，计算机技术日新月异，也就要求电脑工程师、程序员必须不断更新自身技能，以跟上该领域的发展。同样，税务师必须紧跟不断变化的税法，律师必须总体上跟得上法律的变化，以便更好地服务于客户——也因此可以继续服务于客户。一个人离开这些领域，等孩子可以送到托儿所照管的时候再重返工作，意味着她将远远落后于该领域的发展，无论她是自主创业者还是公司职员，她的收入能力都会下降。

在高科技时代，从事军事作战领域相关工作的人也很难在离开数年后重返岗位，因为武器技术在日新月异地不断变化。战斗机飞行员或者核潜艇军官如果离开岗位数年，重新恢复现役后会发现，很难在努力掌握复岗后不断出现的新变化的同时，还能学习弥补离开岗位期间已经发生的技术变化。

从年轻女性的立场出发，当她在做职业选择时，应该进行前瞻分析，要考量不同领域知识和技能淘汰的相对速度。据估计，仅仅四年，物理学家掌握的知识的价值就会淘汰一半；而英语教授的知识如果要淘汰一半，至少需要 25 年。

考虑到职业淘汰对女性和男性的不对称影响，女性倾向于从事淘汰率低的工作，如教师和图书馆员，而不是计算机工程师或税务会计师，也就不足为奇了。尽管从 20 世纪 70 年代起，获得博士学位的女性人数迅速增加，但在专业化领域，男女数量差异仍然很大。例如，在 2005 年，超过 60% 的教育学博士是女性，但工程学博士只有不到 20% 是女性。

## 常规工作和非常规工作

虽然有很多“朝九晚五”类型的常规工作，但也有不少工作要求从业者在需要时，能够随时随地、加班加点地投入工作中。当一起涉及数百万美元的官司正在进行或死刑案被提起上诉时，相关律师不可能到了下午五点就下班回家。如果案件需要晚上和周末加班，那么律师就必须加班，以便在出庭之前尽量做足准备。

原则上，律师这份工作与性别无关；但实际上，女性通常要比男性承担更多的家庭重任，如照顾孩子和处理家务。因此，需要不定期在晚上或周末加班的工作，对女性的吸引力相对较弱。“拥有一切”（having it all）——职业、家庭和高档的生活方式——是最好不过的。然而，鉴于家庭责任分工通常男女有别以及生育方面的天然差异，女性想要“做好一切”（doing it all）往往很难。那些有远见的年轻女性在进行职业选择时可能会考虑到这些因素；年长的职业女性一般会认为“拥有一切”并不值得它所需的代价。

“工作是否常规”这一因素可能不会让所有女性都望而却步，但它确实会限制某一职业中可供选择的工作环境。因此，想要成为律师的女性可能会觉得当一名工作时间固定的民事律师要比在压力巨大的顶尖律师事务所工作更好。后者不仅每周平均要工作 60 或 70 小时，而且工作时间不固定，必须服从于客户案件的需要。有些大型律师事务所在不同城市或国家设有办事处，可能会突然通知律师飞往很远的地方并留在那里，直到将那边的法律问题处理完后才能返回。

原则上，这些问题对男性和女性来说都是一样的。然而实际上，多数情况是当父亲被拴在办公室或者不得不飞到某个地方去处理紧急案件时，母亲会留在家里陪孩子，而不是反过来。此外，由于男性不会怀孕，他们可以从事一些工作时间长、不规律和无法预测的职业，可以临时去远处出差，能够承受如重大法律案件等任务产生的高压。而女性受怀孕的生理限制，在这类工作中处于劣势地位。据《哈佛商业评论》的一项调查显示，收入前 6% 的人群当中，62% 的人每周工作 50 小时以上，35% 的人每周工作超过 60 小时。从事“极限工作”——既体现在时间上，也体现在压力上——的人群中，女性的占比不到 20%。而且，即使在从事高压工作的人中，愿意在五年后还继续做这种工作的女性比例只有男性的一半。

高工作压力不仅仅局限于商业和法律领域。一位著名的生物学教授曾语重心长地告诉他的学生：

> 各位新来的生物学博士们，我可以毫不客气地说：如果你选择做学术，你每周需要花 40 小时用于教学和行政事务，另外 20 小时进行体面的研究，还有 20 小时完成真正重要的研究。

很多研究表明，相较于男性，很少有女性会选择工作时间长的职业。一项对具有数学天赋的青少年的跟踪调查发现，当这些年轻人到了 30 多岁时，每周工作时间不到 40 小时的女性比例要高于男性，而每周工作 50 及以上小时的男性比例则高于女性。

一般而言，男性和女性都倾向于压力较小的常规工作，因此具有这些特点的工作对男性和女性的吸引力都很强。受供需关系影响，这些工作的报酬通常低于性质类似但更加繁重的工作。然而，由于女性需要承担更多的家庭责任，因此轻松的工作更适合需要将一部分精力用于家庭事务的她们，这类工作对女性特别有吸引力。所以，即使男性和女性无论在繁重的工作还是轻松的工作中都能得到同等报酬，性别之间也存在明显的收入差距。因为男性和女性在不同行业中的分布比例不同，就算在同一行业中，他们选择的工作环境和压力也不一样。《经济学人》杂志观察到：

> 女性平均收入低于男性的主要原因不是同工不同酬，而是她们职业生涯的发展层次不如男性，或者选择的职业薪水较低，如护士和教师。

其他研究也佐证了这一结论。拥有大学学历的女性在很多职业中获得的报酬不低于男性，包括计算机工程师、石油工程师和其他种类的工程师，以及记者、投资经理和医学技术专家。但在大多数类似职业中，特别是大多数工程师职业里，女性的数量都少于男性。女性收入低于男性最重要的原因并非同工不同酬，而是与男性从事的工作不同，而且工作时间较短、缺乏连续性。拥有大学学历、从未结婚、没有孩子且全职工作的中年（40 到 64 岁，已过生育期）人群里，男性的平均年收入是 4 万美元，女性则达到 4.7 万美元。虽然在上述设定条件中，女性收入超过男性，但男性的总体收入更高。这证明男女之间的工作模式存在差异，男性和女性在各种情况中的分布比例不同。

即使是毕业于哈佛大学和耶鲁大学这类顶尖学府的女性，全职工作乃至尚在参加工作的比例也低于同所大学毕业的男性。据《纽约时报》报道，40 多岁的耶鲁大学校友中“只有 56% 的女性连续工作，相比之下连续工作的男性比例高达 90%”。哈佛大学的情况与此类似：

> 2001 年针对哈佛商学院毕业生的一项调查发现：参与问卷的 1981 级、

> 1985级和1991级女性毕业生中，31%的女性从事的是兼职或合同工作；还有31%的女性没有工作。这一结果与接受采访的耶鲁女大学生预测自己在三四十岁时会待在家里或者兼职工作的比例惊人地相似。

在许多行业和职业中，那些到达最高阶层的人，通常不仅工作时间很长，而且他们漫长的职业生涯从未间断过。即使是高学历女性，也很少会选择像这类人一样工作，尽管这会对她们的收入造成影响。全职工作和兼职工作的女性之间的收入差距并不小于男女之间的收入差距。研究发现，即使拥有相同的教育水平和家庭情况（例如，都结婚了、都离异了或者都有家属），兼职女性每小时的工作报酬要比全职女性低20%。

上述差别并没有完全体现出兼职劳动者和全职劳动者的真实差距，因为兼职劳动者（无论男女）都很少会得到健康保险和养老金。兼职工作还会受行业和职业选择范围的限制，因为并非所有工作都可以通过兼职完成。通过对236个行业的调查发现，兼职女性有半数集中在10个行业里。

## 家庭责任

原则上，家庭责任可以由夫妻或父母平分。然而实际上，平分家庭责任在大多数地方和历史上的大多数时期都不是常态。由于经济结果由实际情况而非原则决定，男女在家庭责任上的不对称分工（除了前文已经提到的方面）还以其他许多方式影响着男女收入差距。此外，货币报酬的统计记录对我们了解经济真相往往有误导作用。家庭收入是总收入，如何花费这笔收入，花在谁身上，不在于钱是谁挣的或者谁挣的钱更多。例如，在有些家庭中，花费家庭收入最多的人没有挣过一分钱，例如孩子们，特别是孩子就读费用昂贵的大学时。

谁来决定家庭收入花多少、花在哪里、为什么花、为谁花，并不一定是统计学上家庭成员中收入最高的人。《经济学人》杂志写道："调查显示，80%的消费决定——从医疗保健、住房到家具和食物，是由女性做出的。”21世纪初美国政府的一项研究表明，美国家庭平均用于女性和女孩衣物的支出比男性和男孩高出70%。在一些最保守的文化中，男人拥有主导地位，常常是家庭唯一的收入来源，但他们会将大部分收入交由妻子去安排和花费。这种情况在过去的意大利南部、如今的日本、曾经很传统的大多数美国工人阶级家庭，甚至——如果没有特殊情况——在那些所谓的“男权社会”中都十分普遍。

不管工资卡上写的是谁的名字，收入所得都离不开夫妻双方的共同努力。单身汉需要花时间去购物、做饭或去餐馆吃饭、把衣服送去洗衣房或干洗店、招待客人、安排日程；而很多已婚男子可以将这些时间用于职业发展，因为他们的妻子可以将他们从这些家庭事务中解放出来。传统家庭的妻子们就是以这样或那样的方式替丈夫节约出大量时间，所以已婚男性一般比教育程度相当的同龄单身男性收入更高，也就不足为奇了。

同样合乎情理的是，需要抚养孩子的已婚男性通常收入较高。因为身为人父的他们挣钱的迫切性和动力更强，会通过加班或者选择报酬更高的繁重工作来赚取额外收入。在传统家庭中，丈夫和妻子的角色和分工不同，婚姻自然而然地对男性和女性收入产生相反的影响。从未结过婚的女性的平均工资比结过婚的女性高，没有孩子的女性的平均工资也高于有孩子的女性。

换个角度看待这种现象就是：传统的家庭责任分工模式意味着妻子牺牲了自己潜在的收入机会，用于支持丈夫提高收入，最终共同处置家庭的整体所得。只要这种分工得到夫妻双方的一致认可并且愿意继续下去，建立在“工资卡上写谁名字”的统计数据就无关紧要。不过离婚率的提高正在使这些数据变得有意义，也反映出传统的家庭分工模式遇到了更多问题。

实际上，传统家庭的妻子是在对丈夫的职业发展进行“投资”，离婚则意味着这笔长达数年甚至几十年的投资化为泡影。离婚后丈夫支付的赡养费和子女抚养费不一定能够弥补这项投资的损失。除了在婚姻中牺牲的潜在收入机会外，离婚女性同时还失去了工作经验、工作连续性、技能提升和资历等赋予的经济价值。当她离婚后重返工作时所能得到的报酬要低于如果她一直保持单身工作所挣的工资。但是由于她在家庭分工上的牺牲，她的前夫要比一直不结婚的情况挣得更多。

那些从原则出发而非基于实际情况思考的人，不理解为什么离婚时男性不能像女性那样享有赡养费，特别是在女性的收入更高、潜在收入能力更强或者财富更多的情况下。然而，从实际情况来说，男性究竟需要补偿什么呢?

## 雇主歧视

与衡量女性面临了多少歧视同样重要的是要搞清楚这些歧视来自哪里——经济角度的诱因和限制是什么。那些在教育方面歧视女孩的人不会为此付出代价，但歧视女性员工的雇主就没那么轻松了。对于同一份需要相同技能的工作，如果雇主付给女员工的工资只有男员工的75%，那花同样的钱，雇用四个女员工的雇主就比请三个男员工的雇主多了一个免费劳动力。即便是这种相对较小的生产成本差异，也可能意味着一些公司可以迅速发展，而它的竞争对手则可能因为生产成本高导致商品价格没有竞争力，不得不退出市场。即使歧视女性的雇主不从这个角度思考问题，市场竞争也会迫使成本较高的生产者退出市场，不管他们是否理解原因。

很多关于雇主歧视女性的讨论都集中于雇主的看法或态度是否会导致这种歧视。然而，与种族和少数民族歧视一样，雇主的看法或态度既不是决定实际情况的唯一因素，也不是最重要的因素。竞争越激烈的劳动力市场和商品市场，性别歧视的成本就越高。因此，雇主不会为了一己偏见而损失企业利润，甚至最终给企业带来财务危机。另一方面，企业并不是都生存在市场竞争的压力下，垄断企业、非营利性企业、政府机构有更大的回旋余地。回答雇主歧视到底有多少以及由此带来的男女收入差距有多少的经验问题，需要比较具有可比性的群体和情况。这看似简单，实际却很复杂。

如果某项工作涉及与雇主的顾客或客户接触，那这家公司之外的人的偏见或歧视本身就会诱使雇主产生歧视，这些也是必须权衡的歧视成本。在过去，人们对女性律师或医生的职业能力持怀疑态度，或者仅仅是觉得在男性主导的职场领域里与男人打交道更自在。但是，摆在雇主面前的问题不是人们的这些情感是否合理，而是是否很多人都有这种想法。因为这关系到雇用一位女士对这个诊所或律师事务所带来的是帮助还是麻烦，即使该女士跟现在雇用的男士一样符合要求。

简言之，经济因素既可能诱发性别歧视，也可能制约性别歧视，至于到底是诱发还是制约，只是一个经验问题。其他因素的影响也是如此。对男女差异的其他解释可以用经验证据来检验，不仅对当前，对过去也是如此，特别是考虑到随着时间推移男女收入比例的变化以及女性出现在更多的职业岗位等情况。

## 可比性

与教育领域的性别歧视或家庭分工对工作选择产生的影响不同，为了确定雇主的性别歧视是否存在或者性别歧视的程度，我们必须比较具有类似的教育背景、技能、工作经验和其他相关特点的男性和女性。

许多关于男女收入差异的统计数字并没有这样细分，而是简单地将男性和女性分别作为一个群体进行总体比较，既没有考虑可比性，也没有尝试控制不同的变量。因此，在这种研究方式下，英国的一项研究发现，当男女两组人从事一样的全职工作时，女性每小时的工资比男性少 17%。然而，同样也是这个研究，人们还发现，薪资差别并不是男女从事同样的工作却获得不同的工资或薪金，而是女性比男性更容易接受低薪工作，特别是生完孩子后重返职场的女性。作为刚刚开始工作的年轻人，英国女性的收入是英国男性的 91%，但当这些女性生完孩子做了母亲后，她们的收入会变成仅为孩子父亲的 67%。生完孩子后的女性的收入与做了爸爸的男性的收入差距会一直存在，直到孩子长到 12 岁以后，这种差距会不断缩小，但是最高也回不到孩子出生前的水平。这也许表明女性长期的收入损失是由职业生涯的中断造成的。一项针对美国密歇根大学法学院毕业生的研究也发现了类似的情况：

> 女性和男性在职业生涯开始时的薪资差距相对较小，但 15 年后，女性毕业生的薪水只有男性毕业生的 60%。其中的一些差异反映了这些毕业生自己对工作做出的选择，例如，女性律师倾向于减少工作时间。

通过控制兼职与全职、子女和家庭责任的影响这些变量，另一项研究发现："21~35 岁没有子女的兼职工作群体中，男女工资差距为 5%；21~35 岁没有子女的全职工作群体中，男女的工资差距为 3%；21~35 岁之间独居的全职工作群体中，男女是没有工资差距的。"所有上述这些差距代表了雇主歧视影响的上限，即便加上其他任何可能有利于男性的因素（如教育背景差异、体力需求差异、危险级别差异）也是如此。即使不考虑其他因素，男女之间的收入差距如此之小，也表明了雇主歧视本身对男女总收入差距的影响远远没有笼统将男女作为两个群体来研究的统计数据所表明的那么大。

在试图确定种族和人种歧视的存在或影响时，也必须找到真正具有可比性的个人，但找到具有可比性的男女比这更具挑战性。这是因为教育和经验等因素对不同种族或族裔群体的影响相同，即受教育程度高的黑人比受教育程度低的黑人赚得多，这跟白人受教育程度对收入的影响是一样的，只是程度不一样。但是，即使是同样的因素，对男性和女性也可能会产生相反的影响：正如我们前面已经指出的那样，婚姻和生儿育女往往使男性收入增加，而女性的收入却会因此减少。

当“单身”的定义包括已婚多年但是之后离异时，单身女性和单身男性也没有可比性。因为婚姻对女性长期消极的经济影响（例如，全职工作的中断甚至停止）不会随着婚姻状况的改变或重返职场而消失，相比于同龄男性，她们的工作经验或多或少会少一些。同样，婚姻对男性有利的经济影响在其离婚后也不会完全消失，过去的资历和增加的工作经验能保证他比未婚男性或未婚女性有更高的收入。

要找到收入没有受婚姻影响的、具有比较性的男女目标群体，就意味着要比较的男女对象是“未婚”而不仅仅是“单身”。为了把婚姻及其带来的不平等的家庭分工的影响剔除在雇主歧视的影响之外，最有比较价值的就是那些从未结过婚的男性和女性。如果在从未结婚的群体中，男女收入差距仍然很大，那么婚姻的经济影响显然不是造成性别之间的收入差异的原因。但是，如果这种男女收入差异随着婚育状况的不同而发生重大变化，那么雇主歧视在男女收入差异方面的影响就相应降低了。

那事实到底是什么呢？

如前所述，通过比较在21世纪全职工作的、过了生育阶段的未婚女性和男性，我们发现，符合条件的女性收入比男性多。早在1969年，从未结婚的学术女性比从未结婚的学术男性挣得更多；已婚但没有孩子的学术女性挣得少，已婚有孩子的学术女性也挣得少。对一般女性而言——不单单指学术女性——那些自高中开始就一直工作的单身女性在1971年的收入比同条件的男性略高。所有这一切都是在平权行动之前，之后女性在1971年颁布的行政命令中被定义为“代表性不足”，这项旨在提高女性地位的总统令在1972年生效。这也是在政府推行支持女性的政策干预之前，在完全的劳动力市场竞争压力下产生的结果。后来针对1994年的法学院毕业生的调查数据表明，男性毕业生刚开始的平均年薪是4.8万美元，而女性毕业生的平均年薪是5万美元。

不同时代的趋势和对女性在特定时期的研究都表明：婚姻责任（包括生儿育女）与女性的教育水平和职业发展之间存在着消极关系。无论是在较早时代还是近期，已婚和有子女的女性在收入、职业晋升，甚至工作上都比男性落后很多。1956 年发表的一项研究显示，大部分在哈佛大学拉德克利夫学院取得博士学位的女性都没有全职工作。跟那些兼职、偶尔工作或根本没有工作的女性比，全职工作的女性平均生育的子女都较少。

整体而言（即忽视男女在职业连续性、职业选择、全职与兼职等方面的差异），女性与男性收入的总比例从 20 世纪 60 年代到 70 年代都保持在 60%，从 20 世纪 80 年代初开始显著上升，在 1990 年达到 70%，2004 年达到 77%。进一步细分这些数据，比较在年龄、教育和就业历史方面具有可比性的男性和女性，结果表明男女收入差距要小得多。如果比较全职员工一年的薪资收入，那在 2005 年，女性的工资是男性工资的 81%。兼职员工不仅总工资少，他们的时薪也少，晋升机会同样也更小。一直以来，从事兼职工作的女性多于男性，这种状况还会继续下去。

在某一领域中，有可能男女之间的收入差别很大，也可能在具有可比性的男性和女性中收入差别很小或几乎没有，这两种情况可以同时存在。例如，在《新英格兰医学杂志》（*The New England Journal of Medicine*）上发表的一项研究发现：

> 在 1990 年，年轻的男医生比年轻的女医生每年多挣 41%……然而，在按专业差异、实际情况和其他问题调整后，男女医生之间的收入差距并不明显。

这项研究中的年轻男医生比年轻女医生每年多工作 500 小时以上。

一般而言，不论男女收入差距是按年、月还是按小时收入计算的，都有不同的意义。由于女性的工作时间比男性少，所以男女收入差距最大的往往是年收入，差距最小的是每小时的工资。例如，美国劳工部曾公布的男女收入差异的周报显示，在 1999 年，女性的年平均收入是男性的 76.5%，但是同年，女性每小时的收入是男性的 83.8%。要是考虑在职业、行业和其他因素上具有可比较性的男性和女性，则每小时的收入差距会降到 6.2 美分[①]。

虽然随着时间的推移，促使男女收入差距缩小的因素有很多，但还是有其他因素会让这种差距扩大。例如，随着工作经验在经济活动中变得越来越重要，有经验的人获得的报酬会更高，这往往会扩大男女之间收入的差距，因为特定年龄的女性往往比同龄男性的工作经验少。不同行业和不同职业之间的转换也会影响男女收入差距，因为女性和男性在不同行业和职业的劳动力市场中占据的比例不同。而且，这种比例会随着时间的推移而改变：在 1960 年，近 50% 的女大学生毕业成为教师，但是到了 1990 年，这个比例不到 10%。男女收入差距的冲突趋势的净效应，使得弄清楚收入差异的原因更加困难。

尽管自 20 世纪 60 年代以来，男女收入差距普遍下降，但在一定的期限内，差距往往会扩大。那就是，相对于中年女性和中年男性的收入差距，年轻女性跟年轻男性的收入差别会小一些。之所以会出现这种情况是因为女性的劳动参与率深受家庭责任，特别是养育子女的责任的影响。《美国经济评论》(*American Economic Review*) 的一项研究显示：

> 在 25~44 岁（一个人职业发展的黄金时期）的人中，有六岁以下子女的女性离职率达 34%，而没有子女的女性离职率只有 16%。在职母亲中有 30% 是兼职，而在没有子女的在职女性中，兼职的只占 11%。但是，就职场男性而言，子女出生后他们的工作时间反而增加了。在有六岁以下子女的男性中，不工作的只有 4%，在受雇工作的父亲中，只有 2% 的人是兼职。

简言之，生孩子对劳动参与率有重大影响，但是对女性和男性的影响却截然

① 美元的一种，也是硬币的一种。100 美分 =1 美元。——译者注

相反。年轻的妇女要生养孩子，从而耽误了工作，所以年纪较大之后，她们的工作资历与同龄男性相比，显然职业经验积累不足。这一差异在男女收入差距上的反映在步入中年后变得很明显。这些都与“职场天花板”的概念有关，这种天花板限制了妇女的职业发展，尤其是在高层管理职位上的发展。因为这些职位通常都需要很多年的经验积累。从经验上看，男女之间的差距体现在高级管理人员男女比例失衡和行政层面上男女员工收入差距大；但如果比较工作经验相似的男性和女性（包括在一家公司持续的工作经历），这方面的差距就大大缩小。

例如，《劳资关系评论》（*Industrial and Labor Relations Review*）的一项研究表明，只有约 2.4% 的女性担任高层管理职位，“高管中的性别收入差距至少达到 45%”。产生薪酬差距的部分原因是，女性更多的是小公司的高管，小公司高管往往比大公司的高管薪酬低，而女性之所以待在小企业，部分是原因她们的工作经验比同类型的男性少。如果将上述这些和其他差异考虑在内，男女收入差距将大大缩小：

> 调查对象中的女性比男性年轻得多，在公司里的资历也要比男性低很多。年龄和资历对性别差距的影响，一部分反映在女性管理的公司的规模上。总之，在对男女之间所有可观察的差异排除后，我们发现，在高管职位的性别收入差距不到 5%。

尽管对统计数据的深入研究揭示了收入差异的复杂性，但关于性别歧视的诉讼仍然不断。她们声称的歧视纯粹是基于经济上的数据差异。正如《纽约时报》2007 年的报道：

> 在诉讼中，首席原告（一位前商店经理助理因没有被提拔为商店经理而非常生气）声称好市多公司（Costco）在职位晋升上歧视女性，因为公司近一半的雇员是女性，而升任门店经理的女性只有 13%。

这样的诉讼不在少数。2004 年也有人对沃尔玛提出同样的控诉，理由同样是基于数据统计上的差异。早在 1973 年，平等就业机会委员会（the Equal Employment Opportunity Commission, EEOC）就根据统计差异对西尔斯百货（Sears）提出了性别歧视诉讼，而不是像上述某个女性控诉比自己资历低的人被雇用或晋升，但是自己却没有。然而，这一案件持续了数年，直到 1988 年由第七巡回上诉法院（the Seventh Circuit Court of Appeals）做出最后判决。该法庭指出，EEOC 未能提供“就业歧视行为的轶事证据”或任何“真实的就业歧视受害者”。法院指出，EEOC“在一个全美有上百家商店的公司里，都找不到一个具体的歧视事例”。

西尔斯百货赢得了这次诉讼，但其法律上的胜利，显然没有停止人们对其他公司提出基于统计差异的性别歧视诉讼。那些不像西尔斯百货那样大的企业，既无力花 15 年的时间去应付一场联邦官司，也无财力花 2000 万美元去打赢这场诉讼，最后的可能就是被迫同意判决结果，在公众心目中背上“性别歧视”的罪名。此外，类似案件的蔓延，虽然本质是因为企业负担不起长达数年的诉讼成本而导致败诉，但结果足以使许多观察家相信，性别歧视是普遍存在的，也是男女经济差异的主要来源。

## 少数群体类比

许多人把女性的境况类推到低收入的少数群体，以此把两者的收入差距都归结为雇主歧视，并试图通过反歧视法和扶持政策推动两个群体的经济状况的改善。但是女性的情况和少数群体的情况有根本上的区别，而这些区别会影响人们进行分析和制定政策。

在分析少数群体的经济状况时，我们可以分析雇主歧视和其他各种因素在少数群体与一般人口之间会造成多大的收入差距，这需要去比较在年龄、教育和其他相关因素方面具有可比性的个体。例如，虽然接受的教育程度越高，收入也越高，但这种提高对黑人和白人都是一样的，可能只是程度不同。但造成女性和男性收入差异最大的一个因素——养育儿女——对他们收入的影响却是相反的。已婚女性与已婚男性并不具有可比性。只有比较未结婚的女性和男性才有比较价值。早在法律或政府政策反对性别歧视之前，女性收入已经跟男性相当或者比男性更高。

从历史层面来看，女性和少数群体也有根本上的不同。低收入的少数群体通常是贫穷、受教育程度较低的人的后裔。因此，跟其他主流社会成员的背景相比，他们继承的文化和经济背景并不能帮助他们在经济和社会上发展得更好。然而，女性并不只是女性的后裔。无论男性在过去的教育或经济上有多大的优势，这些男人同样也都是她们的父亲和祖父，就像她们的母亲和祖母一样。今天，这一代女性继承了她们的男性祖先所拥有的一切优势，就像她们继承了她们的女性祖先所拥有的一切劣势一样——这些女性和她们的兄弟们继承的都是一样的，没有区别。显而易见的是，在女性和少数群体之间进行类比的人往往忽视了这一点。其中还有一个区别是，获得博士学位的女性一般都比获得博士学位的男性有更好的社会经济背景，而且考试分数更高。而黑人和其他低收入少数群体的情况正好相反。

在学术界，女性和少数群体有着不同的历史和现状。女性学者普遍化的历史要比黑人学者的历史长得多。历史上女性学者最多的时候是在 1879 年，之后的 90 年时间里都没有出现过那么多女性学者。而在 19 世纪，黑人教授和管理人员还是很罕见的，即使是在以黑人学生为主的大学里也不常见到黑人教职员工。虽然联邦政府关于平权行动的早期准则指出："女性和少数群体往往很难靠口碑推荐竞聘学术职位。"这种说法放在女性学者身上肯定不是事实。有博士学位的女性很早以前就能像男性一样从声望卓著的机构获得学位，所以她们长久以来同样可以像男性博士一样，在学术人才招聘中利用所谓的"校友关系网"。

## 经济学的正确思考

在影响男女经济差异的诸多因素中，最难以捉摸的就是雇主歧视。因为没有人会承认自己歧视女性，这不仅非法，还会受到社会指责。一般而言，这种歧视只能在考虑完其他所有因素后，间接地从男女之间的差距中推断出来。然而，在现实生活中，我们没有办法穷尽所有其他因素，因为没有人知道这些因素都是什么，而且并不是所有因素都有足够的数据用来研究。我们能做的就是，在已有的数据基础上研究我们已知的影响因素，排除这些因素之后，剩下的性别差异就可以衡量雇主歧视加上其他未知因素的综合影响的上限。这些剩余残值往往比男女总收入的差别小得多，有时甚至是零。甚至在少数情况下，女性的收入比同类型男性的还要多。

事实是，大多数男女经济差异都是由雇主歧视以外的因素造成的，但这并不意味着不存在雇主歧视这类事，有的歧视事件是令人震惊的。但这些令人震惊的事实并不能解释男女经济差异的普遍模式，以及这种模式随时间发生的变化，而且这些变化是持续不断的。虽然在 2000 年至 2005 年期间，大多数女性仍在从事工资低于平均水平的工作，但工资在平均水平以上的 190 万名新员工中，女性占了 170 万。

虽然实事求是的数据比事实更有说服力，但是客观数据也有其局限性。统计数据可能无法涵盖决定招聘、薪资或晋升的所有因素。即便涵盖的数据完整，也无法确定其各个因素间的因果关系。举例来说，要衡量婚姻对女性经济机会和报酬的影响，可以通过比较在可以衡量的事物上具有可比性的女性来评估，但如果有的女性更有事业追求，所以相对晚婚甚至不结婚呢？这一点是很难衡量的，但难衡量并不代表它不重要。在这种情况下，不那么追求事业的女性和对事业有追求的女性之间的收入差异可能会被错误地归因于婚姻。因为在这种情况下，婚姻状况的不同可能是结果而非原因。换言之，婚姻并不是已婚和未婚女性收入差距的原因。

有时很难区分收入的性别差异到底是女性面临的外部障碍造成的，还是她们自己做出的选择造成的。除了选择教育专业、职业、一直工作还是中断职业之外，许多已婚女性自己主动根据丈夫的最佳工作机会来确定家庭的居住地点，在此基础上再在这个地方选择最好的工作岗位，即使她在别的地方会有更好的就业选择。在这种情况下，这些作为妻子的女性失去的职业机会，实际上是对她们丈夫的更好的职业机会的投资。

对学术界的女性来说还有一个特殊的障碍。例如，一位在康奈尔大学任教的妻子，在 100 英里范围内都找不到另一个同等水平的大学可以追求自己的事业。在康奈尔大学要同时找到分别适合夫妇两个人的工作岗位就只能是一种巧合了。即使有这样一个机会，有些地方的反裙带关系政策也会是拦路虎。虽然有些教授有足够的能力把学校为自己的配偶提供一份工作作为同意任教的先决条件，但这样的先决条件会使得同时适合丈夫和妻子的学术机构的数量大大减少，或者机构的质量大为逊色。

衡量妻子投资丈夫的赚钱能力的一个更普遍的指标是，丈夫与妻子的收入的比例，这个比例随着时间的推移也会不断变化。早在 1981 年，25 岁至 34 岁的妻子中，有三分之一的人收入比丈夫高，但随着年龄段往后移，这一比例连续下降，到 65 岁及往后的年龄段中，收入多于丈夫的人数不到 10%。换言之，随着时间的推移，丈夫收入的增长比妻子的多，但这又表明了妻子对丈夫赚钱能力的投资功不可没。

鉴于许多因素对女性收入和就业的影响不同于其对男性的影响，因此，两性之间的收入差别很大也就不足为奇了。但也不能认为所有这些差异对女性只有负面影响，也就是说，除了收入之外，还要考虑其他因素。例如，富有的男人的妻子往往不怎么工作，因此赚钱较少。但是不管她的收入有多低，富人的妻子都不会穷。在丈夫收入超过妻子收入的家庭里，收入的实际支出不是由工资条上的名字决定的，而且研究表明，在家庭总收入的花销方面，妻子的决定往往比丈夫多。这样的终极现实已经超出了大多数统计数据的范围，但无论妻子和丈夫之间达成何种安排，都与第三方观察者可能更愿意看到的结果一样重要。

虽然谬误的推论是基于总收入数据得出的，但谬误的问题不在于性别收入差距这个客观事实，而在于如何解释这个客观事实。而且很多谬误也是建立在社会目标是不是争取男女机会平等或收入平等上的。正如哈佛大学经济学家克劳迪娅·戈尔丁（Claudia Goldin）教授所说：

> 收入平等是我们真正想要的吗？我们真的希望每个人都有平等的机会在他们事业黄金期每周工作 80 小时吗？是的，但我们不期待每个人总是这样抓住这个机会。

另一位女经济学家的研究为这一结论提供了实证。西尔维娅·安·休利特（Sylvia Ann Hewlett）调查了 2000 多名女性和 600 多名男性。她的结论是：

> 大约 37% 的女性在职业生涯的某一时刻会脱离正轨，这意味着她们辞去了工作，但平均离职时间只有 2.2 年。还有很多女性也会偶尔绕道“风景线”——稍微逃离一下工作。例如，有 36% 的高素质女性会在某个时期选择兼职工作，而另一些人则谢绝晋升或刻意选择责任更少的工作……数据显示，高素质的女性不惧怕工作辛苦和担当责任。但是，如果你的生活还有其他更重要的责任要去承担，就很难保持每周工作 73 小时。

# 学术事实与谬误

> 由于上大学的花费持续超过了通货膨胀和平均家庭收入的增长，所以学生、家长和决策者们都想知道，把钱花在大学教育上，究竟能给家庭带来什么样的回报。
>
> 答案简单且令人不安：没人能说得清。
>
> 《高等教育纪事报》（*The Chronicle of Higher Education*）

大学与企业在运营上有着不同的激励机制和限制。企业必须从销售商品和服务中获得足够的收入才能维持运营，并为那些创造它们并使其继续运作的人提供投资回报。

在学术机构的运营资金中，只有一小部分来自学生的学费。在2003—2004年间，美国私立非营利性四年制学院获得的收入只有不到三分之一是来自学生的学费。在近1340亿美元的收入中，约380亿美元是来自学生的学费。在州和联邦学位授予机构中，学生缴纳的学费仅占机构总收入的16%。由于私立高校从联邦政府那里获得资金，而州立高校又往往从州政府以外的其他来源获得大部分资金，所以州立和私立学术机构之间的区别并不像以前那么突出。在大多数高校都是非营利事业单位的教育领域，以学生学费为主要收入来源的高等教育机构，譬如，菲尼克斯大学（University of Phoenix）是近期才出现的以营利为基础的学校。《高等教育纪事报》报道说，基于营利性大学的五家最大公司的 77% 的收入来自政府提供的学生资助。

美国大学的排名通常都位居世界前列。这主要是因为这些大学里有着一些世界上最好的学者，即使这些顶尖学者有许多来自其他国家。据英国出版的《泰晤士报高等教育增刊》（*The Times Higher Education Supplement*）报道："美国拥有全球最好的 20 所大学中的 11 所。"另一份英国出版物《经济学人》称，"许多美国大学都有很多的资助"，而这些资助"使它们可以吸引世界上最好的学者"。虽然牛津大学和剑桥大学是英国获得资助最多的两所大学，但它们所得的资助已被六所美国大学超越，其中耶鲁大学获得的资助是牛津大学或剑桥大学的两倍，而哈佛大学获得的资助则是它们的三倍多。最终的结果就是："英国的顶尖学者们的收入只有他们美国同行的一半左右。他们的教学负担更重，而且行政任务也更艰巨。"

机构运营方式以及财务生存条件的差异造成了对它们各自行为有影响的激励因素的差异。许多人认为，由于非营利组织没有自私的动机，所以会致力于包括整个社会在内的其他人的福祉。但是，这种假设很少受到实证检验。而且当它真的经受实证检验时，它也没能站住脚。早在 18 世纪，亚当·斯密——他本人就是一名教授——指出享受捐助的学术机构中的教师们能够通过一些方式来放纵自己，而这些方式在一个依靠其业绩来获得经济生存的企业中是不可行的。拥有一笔捐赠意味着这个机构不必通过以能够覆盖成本的价格向满意的客户销售货物或服务的方式来谋生。

学术机构中的特殊经济因素不仅影响着高校的师资队伍，而且对高等学校的办学成本和学生的教育产生了重要的作用。

## 学术治理

从法律上讲，学院或大学的终极权威在于理事会。然而，这些人通常都在其他领域从事全职工作，他们只是定期开会监督学校运营，投票决定重大决策，包括招聘和解雇大学校长。《高等教育纪事报》的一项调查发现，42% 的理事每月仅在理事会花费五小时或更少的时间工作，只有 23% 的人每月花费 16 小时或更多的时间。他们当中大约有一半的人来自商界，只有 20% 以下的人在教育领域工作。

哈佛大学的一位前校长指出，一般来说，董事会“并不知道大学校园里发生了什么”，哈佛大学的监督委员会的成员们“通过阅读报纸上的相关文章来了解哈佛大学的重要变化”。这既不是一个新的现象，也不是一个仅限于大型大学的现象。在 20 世纪上半叶，劳伦斯学院（Lawrence College）一位任期很长的院长同样观察到，“大多数理事对学院的业务只有模糊的了解”。简言之，大多数理事既没有时间也不会亲自来密切监管或评估校园活动。因为任期制度，所以理事们不能聘用或解雇教员，但又必须将他们作为生活中的一个现实问题来处理。鉴于这些情况，多年来，理事会越来越受到教员意愿的影响，这并不让人意外。这是阻力最小的路径，没有其他的激励措施可以抵消这种做法。

大学的教员们既是劳动者又是管理者。他们都为学术机构工作，并决定了该机构关于课程、招聘和校园规则的大部分政策。艾森豪威尔将军在第二次世界大战后担任哥伦比亚大学的校长。他曾经把教员称为大学的“雇员”，于是一位教授便起立告知艾森豪威尔：“我们是哥伦比亚大学，哥伦比亚大学就是我们。”在遭到大多数教员反对的情况下，很少有校长能够保住自己的职位。

许多学术领域需要高水平的专业知识，这意味着，在这些领域做出根本性决定的唯一人选是这些学科的教授。任何大学校长或院长都不可能决定在化学、数学、经济学、物理学和其他许多领域教授哪些课程或课程内容。同样地，任何一个院校的管理人员都不知道如何评估任何一名前来应聘各种学科教职的应聘者的知识水平，即使只是在一所小型大学也是如此，更不用说在一所大型的综合性大学了。

因此，教师自治原则是学术机构运作的核心。此外，这一原则多年来一直得以扩展到适用于外部领域的许多事情上，条件是教授们要在这些领域中有特殊的专业知识，以便其意见可以影响或控制机构政策，其中包括是否允许学生参加预备役军官训练团（R.O.T.C.），谁可以被邀请在毕业典礼上演讲，等等。在这些专业领域以外的领域，包括在根本无需专业知识的领域，教授们可以纯粹根据自己的私人想法做决定而无须付出任何成本。

因此，斯坦福大学教务长报告说，教员们敦促大学拒绝接受某些教授不喜欢的石油公司或其他企业或政府机构的捐赠。此外，和耶鲁大学医学院、宾夕法尼亚大学医学院一样，斯坦福大学医学院禁止其教授接受制药公司（它们就像石油公司那样不受欢迎）免费提供的药品样品，虽然这些免费药物会转送到病人手上，在查明一种新药是否对他们有帮助时，能够帮助他们省钱。这项禁令是学术界无须付出任何代价的一系列象征性决定之一，无论后果如何，他们都不会受到影响。与此类似，哈佛大学法学院决定免除毕业后去政府机构或非营利组织工作的学生的第三年学费——以每年数百万美元的费用补贴教授们的偏好。这笔费用由法学院承担，教授们却无须付出任何代价。然而，2009 年，哈佛大学自身的财政困难导致了该计划的暂停。不过，被法学教授定义为“公共利益”的组织中的暑期工作补贴仍有。

## 教职员工

学院的教师们不仅具有独特的管理权威，在个人工作中拥有个人自主权，而且在其职业安排的性质上也是独一无二的。由于大多数院校和大学都是非营利组织，因此，终身任期的安排是有可能的。任职期限不仅在商业和工业上不为人知，而且在菲尼克斯大学或斯特雷耶大学（Strayer University）等营利性高校也很少提供任职期限。这使大多数学术机构成为罕见的（如果不是独特的）无法以糟糕的决策为由解雇其主要决策者的组织。在教职员会议上投票决定出对学校财务或学术质量产生不利影响的政策，并不属于可以解雇终身教授的极少数理由之一。

终身任期制存在的理由是它为教师提供了就业保障，从而使他们能够在教学和研究方面拥有学术自由，不用担心因自己的观点或方法遭到报复。然而，终身任期制的实际效果取决于它为机构和个体教员创造的激励和限制。

## 教学

高校教职工（既是劳动者又是管理者）的独特地位，为他们提供了种种服务其自身而非学生或学术机构的利益的机会。这些机会覆盖了从课程安排到课程选择等各项事情。

当教授们按照个人便利——例如，能够在早高峰后开车到校园并在晚高峰之前离开——安排上课时间时，就意味着许多课程会被安排在相同的时间，给学生造成上课时间的冲突。这可能会让很多学生难以或不可能在四年内修完毕业所需的所有课程。因此，一些学生可能需要多花一年或更多的时间才能毕业，他们的父母也因此必须多支付一年或一年以上的学费和生活费。这一切都是为了让教授们可以避开交通拥堵或在晚餐时间前打完网球或游完泳。

课程集中在一个狭窄时间段内，也意味着比起将课程分散于清晨开始至一天结束的时间段内，学校必须建造和维护更多的教室。所有这些都增加了教育成本。例如,斯坦福大学的教务长就曾抱怨过“空间浪费”和“闲置的教室”。他还说:“四处走走，你会发现很多教室在大部分时间都是空荡荡的。但是我们目前安排课程的方式很难将所有课程安排到我们现有的教室中。”教学楼的造价是很昂贵的，而且教学楼大部分时间都空着会增加教育成本。

这种不必要的成本对于在竞争激烈的市场中运营的普通企业来说可能是致命的，因为竞争中的企业可以避免这种成本并且以更低的价格销售相同的产品或服务，从而争取到客户。但是大学在许多方面无须担心这些后果。私立学术机构拥有捐赠，其分红和利息可以补贴低利用率，而州立大学利用纳税人的钱同样可以做到这一点。在任何一种情况下，那些提供补贴的人都很少有能力监督这些资金的利用率。此外，像美国大学教授协会（American Association of University Professors）和认证机构这样的组织更是通过谴责更省钱的做法会使教育质量恶化来保护现有的做法，而不是参与竞争。

高校的特定课程往往也是为了教授的便利而非学生的教育需求而开设的。例如，历史系可能会提供电影史或酿酒史的课程，但不会提供有关罗马帝国历史或中世纪欧洲史的课程，尽管这些更广泛的课程将提供大量关于西方文明发展的方式和当今世界的发展历程的洞见。越来越多的课程研究范围狭小是由这样一个事实引起的——教授们必须从他们的博士论文开始着手进行研究，以促进他们的职业发展。因此，他们必须把重点缩小到以前没有被深入研究过的东西上。

在对诸如电影史或酿酒史等主题做过初始研究或进行初始分析之后，他们会发现，讲授一门研究对象狭小的课程，比讲授一门有关罗马帝国或中世纪欧洲史等题材宽泛的课程要容易得多，因为后者要做大量的研究——这些研究不可能有任何发表回报，因为这两个主题已经被其他人广泛研究并有大量学术著作。

在许多学校里，包括在一些最有声望的学校，一门富有意义的课程的消失，部分是由狭窄学科课程的普及造成的。这些富有意义的课程是针对学生的教育发展，而不是针对教授的个人便利或事业进步而设置的。大学概况手册中可能会列出一个学生顺利毕业所需的全套课程，但如果有很多不同的选择方案可以达到某一特定课程的要求，那么这可能就毫无意义了，例如，可以用电影史课程来满足社科课程的要求，而不需要修一门有关世界上主要国家或帝国的课程。因此，一个学生可以从一些最负盛名的学院毕业，但却对历史以及历史的所有洞见和影响一无所知。

因为类似的因素也在其他院系里起作用（无论是在人文学科、理科或社会科学领域），一张学位证书本应代表的知识，实际上可能仅仅是学生的某个教授在写他们的博士论文（书籍或学术期刊文章）时碰巧写到的某个狭小主题里的孤立片段，而不是一种对一系列知识学科有着广阔而协调的认知和理解的教育。尽管从学生的教育角度来看，范围宽广的课程非常值得拥有，但是哈佛大学前校长德里克·博克（Derek Bok）指出："很难找到有足够意愿并且能够讲授这样的课程的教授。"

对哈佛大学来说，如果坚持要求教授们讲授这些课程，会导致它们的顶级教师外流到耶鲁大学、斯坦福大学和其他一流大学。这些大学将很欢迎这些教授以及他们一并带来的数百万美元的研究经费。正如一位哈佛大学前系主任所说的："他们都可以轻易地在别处找到工作。"他还总结了最终的结果："通识教育这一旧理想只在名义上存在。"

哈佛大学在研究型大学中的高排名往往被混淆为在高等教育机构中的高排名，这种混淆状况被《美国新闻与世界报道》（*U.S. News & World Report*）杂志的年度出版物《美国最佳大学》（*America's Best Colleges*）等排名系统放大了。此外，在重要的州立大学中【例如，在加州大学伯克利分校或密歇根大学安娜堡（Ann Arbor）分校，以及常春藤盟校】，科研仍是教职工工作的重点。

最后，还有许多，也许是大多数公立和私立的大学和学院，其研究的数量和质量可能不足以为其忽视本科教育（或是顶尖院校中常见的轻教学负担、高支出）进行开脱。鉴于此，堪萨斯州海斯堡州立大学（Fort Hays State University）的校长增加了教授们的教学负担，使得该校的教学水平适中，以吸引更多的学生，尽管这样做激怒了教员们。然而，正如一项研究指出的那样："在像海斯堡这样的学校里，还没有出现过高水平的严肃的尖端研究，而且可以说哈蒙德博士（Dr. Hammond）所做的一切都是大幅度缩短教学人员的学年休闲时间。”

评分膨胀是另一种为教授提供便利而非为学生的利益服务的做法。人们发现，在学习相对基础的课程时，那些选择去上打分很松的教授的课的学生们，在学习更高级的课程时，无法取得像那些之前选择打分严格的教授开设的基础课程的学生们那么好的成绩。简言之，学生整体的长远利益被评分膨胀牺牲掉了。然而，评分膨胀使教授们的生活变得更容易，因为他们不需要面对学生对成绩低下或不及格的抱怨，也无须忍受这种抱怨带来的不快。此外，打分偏低的教授们的不受欢迎程度，也会在课程结束时通过负面的学生评价反映出来，这反过来会对教员的职业发展产生负面影响，特别是对于尚未获得终身任期的年轻教师来说。

## 教育质量

在普通的商业交易中，如果为了卖家的利益而完全无视买家利益，那就会存在客户流失的风险。但是很显然，在学术界，学生不完全理解所售产品的性质。如果一个学生已经理解了课程的内容，那么去学习该课程就没有任何意义。一个学生可以判断的是教授在课程中传达信息的能力如何——材料是如何被清晰地呈现出来的，它看起来有多有趣——但学生们无法判断的是，什么样的矛盾信息和矛盾分析被忽略了，或是别的地方的教授在同一科目上的水平如何。根据学科的不同，误解甚至谬误可能会被精妙地教授给那些在当时无法察觉的学生，即使他们在后来的人生中发现他们所学的内容是虚假的。

虽然商业产品的消费者往往也无法直接和立即确定他们购买的商品的质量，但他们购买的东西大多不只购买一次，经验可以指导他们未来的购置行为。但是大多数人只念过一次大学，而且很少有人会多次选修同一门课程。此外，还有无数组织能够测试商品并向公众报告。这些机构不仅包括对产品进行广泛测试并公开测试结果的组织【如《消费者报告》（*Consumer Reports*）和《好家政》（*Good Housekeeping*）杂志】，还包括评估立体声设备、汽车、相机、酒店、游轮和其他无数产品与服务的专业组织和专业出版物。

与学术教育质量评估最接近的类似物是《美国新闻与世界报道》的高校年度排名。但这些排名不仅受到广泛和严厉的批评，而且越来越多的大学拒绝为这类排名提供所需要的数据，这本身也破坏了排名的有效性，不论这是不是批评的功劳。

此外，尽管商品和服务的大多数排名都是基于对最终产品的评估，但学术机构的排名却几乎总是按照投入的大小排名，而不是按教育产出的大小排名。正如《经济学人》杂志所报道的：

> 目前，只有两家机构每年都会尝试比较世界各地的大学。自 2003 年以来，上海交通大学一直在这样做，英国的《泰晤士报高等教育增刊》也在 2004 年开始了类似的做法。但是，这两个在反复无常和快速发展的全球教育市场中受到参与者们密切关注的指标反映的是“投入”，如员工的数量和质量，以及他们获得了多少奖项、发表了多少文章。

美国教授或英国导师们的智力成就并不能自动转化为更好的学生教育。正如《经济学人》指出的那样：“导师们可能太忙于写作和研究，很少或根本没有时间教学，这是美国名校的一大弱点。”此外，学术机构的排名取决于产生排名的各种因素被任意分配了什么样的权重，以至于评估方法的变化可以带来惊人的排名变化：

> 例如，雄心勃勃的伦敦经济学院（London School of Economics）在上周公布的英国大学院校排名中从第 17 位下降到第 59 位，主要是因为它吸引的外国留学生比以前少了，因此与前几年相比，获得的声誉较低。

华盛顿的一个智囊团是测量教育产出而不是投入的少数尝试者之一，它同样也会给《美国新闻与世界报道》的排名带来很大的改变。当大学支付能力与生产力中心（Center for College Affordability and Productivity）根据学生在后来人生中的成就和学生本人给他们的教授的评价来对学术机构进行排名时，惠特曼学院（Whitman College）从文科学院的第 37 位升至第 9 位，沃巴什学院（Wabash College）从第 52 位上升至第 10 位，巴纳德学院（Barnard College）从第 30 位上升至第 8 位。

有一个更为官方的评估，它的结果包含了这些大学是否有接受美国政府资助的资质。它是由那些到全美各地的大学和学院访问、并给予认同或不认同的各种认证机构提供的。然而，这些机构衡量的也是投入而非产出，因为它们既没有时间也没有资源去深入研究数千个学术机构的教室中发生的事情，或是研究它们产出了什么样的教育成果。然而，随着越来越多的人在凑合着参考《美国新闻与世界报道》的排名，很少有机构承担得起对这些认证机构进行公开批评或拒绝配合他们的工作的后果。

认证机构只能依靠校园资源的粗略指标，如校园图书馆的图书数量和学生与教师之间的比例——简言之，是相同类型的投入标准，而不是教育产出的衡量标准——与《美国新闻与世界报道》遭到批评的原因一样。这些认证机构提供不了可靠的教育质量或效率指标，而其所用的指标还可能会成为使用更新的、成本较低的学生教育方式（这些方式可能会由学费的降低反映出来）的障碍。

例如，可供在线阅览或可从 DVD 上读取的阅读材料，可以取代购买成本要高得多的书籍和装订成册的学术期刊和其他期刊，而且还可以节省图书馆书架上昂贵的储存空间。但是，如果认证机构使用大学图书馆的书籍数量作为认证标准，那么它就否定了成本较低的新机构的优势，而这些新教育机构可以为学生和他们的家庭提供更合理的学费，从而更有效地与现有的传统大学竞争。

还有一些方法可以减少教员人数，但在这方面，认证机构的标准也会保护现有的高成本教育机构免受低成本新教育机构的竞争。如果师生比例被列入认证标准，那么拥有许多主要从事研究工作的教授的大学（由这些教授带的研究生来完成大部分入门课程的教学）获得认证的机会，比专为教学而设置的新机构的机会要大，而这些新机构的教授的教学负担较重，不指望有太多时间进行研究。因此，由教授而非研究生讲授关键入门课程的机构会在学生教师比例方面看起来更差，因为即使班级规模并不比学生教师比例较低的机构大，他们的教授的教学负担也较重。

学生教师比例与班级规模之间的相关性非常微弱。例如，得州农工大学（Texas A&M University）的学生教师比例（20：1）低于迈阿密达德学院（Miami Dade College）的学生教师比例（26：1），但迈阿密达德学院 32% 的班级学生人数不到 20 人，而得州农工大学只有 21% 的班级有如此小的规模。另一方面，迈阿密达德学院只有 1% 的班级拥有 50 名以上的学生，而得州农工大学 24% 的班级人数都达到了这个数量。只有在所有的教师都在场并且正在教学的情况下才能由师生比例推断出班级规模。但是，在教学型大学和研究型大学之间，现身上课的教授的比例可能会有很大差异。研究型大学的教授不仅可能从教学中抽出时间来进行研究，而且他们也更有可能去其他地方从事研究或其他事情。

有各种创新的方法可以优化教员的使用，从而降低成本，但采用这些方法可能会降低一个教学机构获得认证的可能性。例如，一些法学院聘请了许多执业律师和法官，在其各自的专业领域进行兼职教育（如房地产法或反托拉斯法），而教授更宽泛更基本的课程（如宪法）的全职教授和终身教授的人数相对较少。一些法官和律师愿意在晚上讲授与他们专业领域相关的课程以获得适度的薪酬，而且他们在这些专业领域内可能有着非常丰富、非常前沿的知识，但他们又不是那类在法律期刊上发表文章并成为著名法律院校教授的学者。便宜的师资和适中的校园物质设施，使得一些法学院收取的费用远低于传统法学院的费用。

然而，美国律师协会（American Bar Association，ABA）不认可许多以这种方式运作的法学院，即使这些法学院的大多数毕业生能够一次就通过律师资格考试。科罗拉多大学（University of Colorado, CU）法学院目前的认证就受到了威胁，尽管其毕业生中有 92% 在第一次考试中就通过了律师考试——这个数字不仅高于全美平均水平，而且高于著名的哈佛大学和耶鲁大学的法学院毕业生首次通过考试的百分比。根据《丹佛邮报》（*the Denver Post*）的报道：

> 法学院认证协会再次表示担心科罗拉多大学在缺乏国家资助的情况下无法建设新的法律大楼。
>
> 总部位于芝加哥的美国律师协会要求科罗拉多大学校长贝奇·霍夫曼（Betsy Hoffman）和即将上任的法学院院长戴维·格奇斯（David Getches）在 1 月份会见其认证委员会，以说明为什么该校的法学院不应被留作观察或从已获准的法学院名单中除名……
>
> 美国律师协会发给科罗拉多大学一封信，要求科罗拉多大学解释缺少少数族裔和女性教师的情况，并表示担心兼职教授（律师兼职教学）的课程数量过多……
>
> 此外，根据美国律师协会的说法，科罗拉多大学的法律图书馆资料年度支出排名较低——其 170 万美元的支出比平均值低了 100 万美元。

与认证机构的普遍情况一样，在美国律师协会的认证考虑中引用的所有因素都是对教育过程的投入，而不是合格毕业生的产出。但效率恰恰在于将给定的投入转化为更多或更好的产出。对法学院来说，产出质量有一个外在且客观的衡量标准，即其毕业生通过律师考试的能力。虽然这不是衡量质量的唯一方法，但却是一项至关重要的衡量标准，因为如果没有通过律师考试，学生就不能成为律师。那些有志于学术、获得声望或更具政策导向型目标的学生们有各种法学院可供选择，但那些受到预算限制、无法支付高额法学院学费的学生们只能负担得起那些通过减少教师、图书馆、教学楼支出来保持学费低廉的法学院。

在科罗拉多大学法学院的案例中，满足美国律师协会的要求涉及建造新教学楼的花费超过 4000 万美元，而这一费用以及其他费用的增加导致法学院每年的学费从 6700 美元增加到 16 738 美元（科罗拉多州本地居民的价格），非科罗拉多州居民则增加到 30 814 美元。短短几年时间，学费翻了不止一倍，这无疑使科罗拉多大学法学院的学费超出了一些学生的经济承受能力。此外，它还保护了高成本法学院免受科罗拉多大学法学院先前的低学费竞争，并且使其他低成本法学院更难以与高成本法学院竞争。简言之，美国律师协会的认证标准和做法与保护性关税的作用大致相同，即将高成本生产者从低成本生产者的竞争中隔离开来。

很少有法学院可以像纳什维尔法学院（Nashville School of Law）所做的那样，在没有认证的情况下冒险运营，靠有吸引力的低学费以及毕业生通过州律师资格考试的能力来维持机构的声誉。尽管纳什维尔法学院的毕业生通过州律师资格考试后可以在田纳西州执业，而且很多人已经在那里获得了成功的职业生涯，但他们的法学学位可能不会被其他地方所认可。

虽然法学院情况特殊，因为它们的毕业生教育有一个独立、客观、与职业相关的测试——因此可以检验认证机构的那些标准的相关程度——但其他的高校认证机构往往倾向于采用与美国律师协会的标准很相似的与投入相关的标准，很少或根本不考虑产出质量，而且还纵容了认证机构成员的先入之见。

这种做法阻碍了较便宜的高等教育形式。因此，这些继承了过去的庞大开支（例如，给许多教授提供终身任期或维护费用昂贵的大型图书馆）的传统学术机构都能免遭新机构带来的成本竞争。这些新机构可以通过使用电子版书籍和期刊，以及抬高非终身教职人员比例的方式来降低成本。其结果是，传统学术机构很少会迫于压力降低学费或抑制学费持续上涨。

还应该指出的是，那些对应该采取哪些认证依据有决策权的人大多是在现有学术机构中从事全职工作的人。例如，美国中部各州高等教育委员会理事会中超过 80% 的人员在为该组织认证的学术机构工作。这种内置的利益冲突对于其他学术认证机构来说也很常见，对于那些与他们就职的现有大学运作方式不同的以及成本更低的大学，这种学术认证机构有权拒绝。例如，2007 年，各地区认证协会拥有 3500 多名教授志愿者和管理人员志愿者，而全职人员则不到 150 人。

认证机构可用的有限时间和资源事实上决定了这些机构更注重于容易衡量的标准，而不是试图去评估大学毕业生的智力素质。正如莱斯大学（Rice University）校长所说的那样："认证人员对学生的学习方式和所学知识不感兴趣，他们感兴趣的是每个学生有多少平方英尺的教室空间。"

为了获得联邦资金，大量的认证需求给认证机构带来了巨大的影响，特别是从 1963—1964 学年到 2008—2009 学年，联邦资助增长超过了 60 倍。这使认证机构将自己的任意偏见强加于它们所评估的机构，包括学生和教师中各种群体的人口"代表"。美国律师协会的认证人员甚至指定了每个法学教授办公室所需的平方英尺数。

尽管认证过程有不妥当的地方，但一些质量控制标准显然也是必要的。许多"文凭工厂"设立的主要目的是获取联邦政府为学生提供的资助，它们因未达到认证标准而被关闭。此外，没有人会认为，营利或非营利机构会自动达到质量标准，或者甚至是诚实标准。一些控诉声称，未经认可的营利性机构误导学生们认为他们的学分可以自动转移到其他机构，并且他们的学位会被认可，而事实上这两个声明都是不真实的……非营利性学术机构误导学生的方式一直是许多书籍和文章的主题。诺贝尔奖获得者乔治·斯蒂格勒（George J. Stigler）指出："典型的大学目录永远不会阻止第欧根尼[①]寻找一个诚实的人。"

## 学术事业

美国高校特定工作的安全政策有其特殊的后果，而这些后果往往与这些政策的目标截然不同。在特定学院或大学工作过一定年限的学者必须晋升为永久任职的教员，要不就走人。这被称为"升迁或出局"系统。对于那些升上去的人，这意味着更多的工作保障，但对于被迫退出的人，则意味着更少的工作保障——不仅少于他们那些幸运的学术界同事们，而且还少于其他没有这样的工作保障系统的经济部门中年龄相仿的人。

因为学术工作保障系统使高校肩负着长期的承诺，动辄要在各位终身教授身上花费数百万美元，这可能会导致续聘的要求比没有这种承诺的情况更为严格。然而，当"升迁或出局"这一决定性时刻到来时，那些工作完全令人满意的非永久任职的教员（通常是助理教授）常常会被放走——即不会再与其续约，因为没有充足的证据使人相信他们的业绩将会在未来发展到高级教员应有的水平，尤其是在学术研究方面。

也没有理由相信，下一届助理教授会比被解雇的人更好，尽管员工流动率对机构以及涉及的个人都会产生费用。员工流动的原因是要遵守美国大学教授协会的标准，同时无须长期为每位教员支出高达几百万美元的费用。

在评分最高的大学里，大多数助理教授在成为副教授之前通常都会被解聘，因为他们很少有足够的时间在这样的机构中为谋求高级职位而提供高水平的、

① 古希腊哲学家，出生于一个银行家家庭，犬儒学派的代表人物。——译者注

保质保量的学术研究。简言之，在这种情况下，政策的目标——提高工作保障性，与该政策的实际最终效果没有多大关系，因为实际上，其工作保障性比大多数同龄人在其他没有享受终身学术任期政策的经济部门中的保障性还要少。

这种学术晋升制度也有助于解释许多大学里普遍存在的矛盾现象——杰出的年轻教师被解聘，学生常常感到错愕与不解，甚至可能发起有组织的抗议活动，但通常徒劳无功。哈佛大学的一位前校长指出："本科生们广泛认为，他们所喜欢的教师的终身任职资格被学校系统性地拒绝了。"在一些校园里，"年度教师"奖常常被称为年轻教员的"死亡之吻"。这是因为优秀的教学非常耗费时间——除了要准备高质量的课程和讲义，还要对无法理解课程内容的学生给予个别关注。这往往使得初级教职人员没有足够的时间去保质保量地完成获得顶尖大学终身职位所需的研究。这些机构通常会从其他地方聘用已经出版了必要数量和质量出版物的人来填补它们的高级职位。

富有声望的、主要以研究为主的顶级大学通常也是教师工资最高的大学。斯坦福大学和普林斯顿大学的正教授在2008—2009学年的平均年薪超过18万美元，哈佛大学的正教授平均年薪超过19万美元。与此同时，四年制大学的正教授平均年薪低于9万美元，但顶尖的四年制大学，如艾姆赫斯特学院（Amherst College）和斯沃斯莫尔学院（Swarthmore College），其教授的平均年薪高于12万美元。教员薪水与机构的声望一样，高薪水并不意味着学生就可以在那里获得最好的本科教育。在数学或经济学等诸多领域，学生需要在入门课程中打下扎实的基础，才能进一步掌握建立在基础课程之上的高级课程。那些世界顶尖学者、拿着高薪的教授，在教授入门课程方面是否表现得更好，乃至他们是否会同意教授初级阶段的课程？

通常情况下，学生需要考虑去哪种学术机构上学：是去由主管教授授课的小型文理学院，还是去由临时教员甚至是研究生授课的著名的研究型大学？由于初级教职人员和研究生都是临时性职位，这意味着他们必须注重研究工作，从而更好地在其他地方找到工作。此外，他们还要花时间在招聘市场中宣传自己，以及外出面试。

相比一些有所建树、喜欢教学胜于科研的文科学院的教授们，初级教职人员和研究生或许不会过于关心在他们教授的入门课程中，是否所有学生都已掌握了数学中的偏导数或经济学中的需求弹性。一项关于教职员工如何在教学和研究之间分配时间的研究发现，教学所涉及的各种职责占了研究型大学教师不到一半的工作时间，却占了文科学院教职工工作时间的近三分之二。

## 大学与学生的双向选择

美国大约有1800万名大学生，其中包括将近500万就读两年制院校的学生（无论是全日制还是非全日制）、大约800万名全日制四年制院校学生和近170万名非全日制学生，还有300多万名研究生。越来越多的人比大学适龄人群年龄大。从1970年到2005年，25岁以下的大学生人数增长了约71%，但25岁以上的大学生人数却增长了183%。

从整体上来说，学生群体当然不是随机分布在所有大学里的。学生选择高校，高校选择学生，这两种选择都涉及事实和谬误。

### 大学的选择

由于学院的学术声望（尤其是大学的学术声望）主要取决于其教授的研究和出版物，因此学生在更有声望、教师薪酬更高的机构中不一定能获得更好的教育。各种研究表明（如在医学院等考试中），小型文理学院的学生成绩与著名研究型大学的学生成绩一样，甚至比著名研究型大学的学生成绩更好，乃至文理学院的学生获得博士学位的比例更高。毕业生获得博士学位的比例最高的四所院校都是小院校，每个院校的本科生人数都不足 2000。它们是加州理工（Cal Tech）、哈维穆德学院（Harvey Mudd College）、斯沃斯莫尔（Swarthmore College）和里德学院（Reed College）。加州理工学院和哈维穆德学院各有不到 1000 名本科生。事实上，小型大学毕业生考取博士生的比例占据了排行榜前 10 名。格林内尔学院（Grinnell College）毕业生获得博士学位的比例要高于哈佛大学或耶鲁大学。

有关学术机构最大的谬误之一是，就读名牌学院和大学对将来达到人生巅峰来说是不可或缺的。但是，在 2006 年接受调查的 50 家美国最大公司的首席执行官中，只有四位拥有常春藤联盟学位，还有一半毕业于州立学院、城市学院或社区学院。一些人根本没有毕业，其中包括戴尔电脑公司的迈克尔·戴尔和微软公司的比尔·盖茨。

大学对人们在未来生活中取得经济或其他方面的成功究竟有多少帮助，是难以确定的。而且通常使用的比较方法会轻易地夸大大学的影响，特别是夸大更有声望的大学的影响。如果从一开始就读于有声望大学的学生和就读于无声望大学的学生就具有可比性，那么这些方法是有效的，因为他们以后的收入和毕业后的职业差异可以归因于在大学里发生的事情。但那些学生并不能被视为具有可比性。

例如，如果进入哈佛大学的学生的素质比进入一般大学的学生要高，那么这两所大学的毕业生之间的差异就不能任意归因于在这两个地方接受的教育的差异。如果哈佛大学的毕业生更有可能继续上医学院、法学院或其他研究生的学业，那么他们以后的收入可能会比无名气的大学毕业生的收入更高。在理想情况下，我们应该对比入读哈佛大学的学生和被哈佛大学录取但选择入读无名大学的学生。不幸的是，这可能会导致样本太小，无法进行统计分析，而且做出这种选择的人可能并非这两所大学中任何一个典型的学生。

为了试图确定教育机构本身的“附加值”，人们研究了成绩具有可比性、且分别入读了著名高校和非著名高校的人。其中一些研究表明，更有名望的机构确实增加了价值，而另一些则表明它们没有增加价值。但是这些研究很少（如果有的话）表明，那些增加的价值有原始统计数据暗示的那么好，而且它们没有考虑到学生之间的差异。

一个广为流传的说法是，上大学会给人的一生增加超过100万美元的收入。这里的“大学”是笼统地指各种学院和大学。进一步分析显示，高中毕业生和大学毕业生之间的终身收入“毛差额”的范围是50多万美元（与私立开放招生学院的毕业生相比）到200多万美元（与最挑剔的私立教育机构的毕业生相比）。然而，就这一终身收入“毛差额”（即考虑到学费和因读书而错过的收入），高中毕业生与私立开放入学大学毕业生的收入相比时降至约15万美元，而在与最挑剔的私立机构毕业生的收入相比时降至约50万美元。将这些数额除以50年的职业生涯，如果从前者毕业的话，这一数额为3000美元/年。但由于这一差额具有滞后性，所以还要进一步打折。

特定机构的进一步分析发现，从佐治亚大学（University of Georgia）毕业后的净收益远高于从哈佛大学毕业后的净收益，而特拉华大学（University of Delaware）的毕业生比任何常青藤联盟大学的毕业生都有更好的收入。这些都没有考虑到专业分布的情况。毕业10年后，那些获得工商或工程学位的人挣到的钱是那些获得教育学位的人的两倍。

不仅学生们本身可能会有所不同，他们的家庭也可能不同。如果富有的人更有可能将自己的孩子送到著名的院校，那么这些学生在以后生活中的收入可能反映了他们因家庭关系而带来的更大的就业机会，更有可能负担得起继续就读研究生课程的费用，或从继承资产收入中获得更高的收入，而不是靠他们在著名院校里所学的知识获得的收入。

## 大学的“附加值”

在试图确定上大学的价值时，也出现了类似的问题。进行对比的对象是高中毕业后直接就业，或高中没毕业就开始工作的人。将大学毕业生的收入与高中毕业生、高中辍学生或其他人的收入做比较，然后将大学毕业生的高收入归因于在大学接受的教育，这是很普遍的做法。但是，在大学之前停止教育的人不能被视为与上大学的人在导向、价值观、重心或能力上是相同的。因此，他们之间的收入差异不能自动归因于大学教授的内容。另一种看待这种情况的方式是，不能因一个特定的个人具有给定的能力和偏好等，就认为其就读于一个机构而非另一个机构造成的差异会像有关其他人入读不同机构的统计数据那样大。

更复杂的情况是，很多（如果不是大多数）高中辍学的人之后会恢复某种形式的教育，无论是在学术机构还是通过学习一门手艺或获得由微软、甲骨文、Adobe 或其他计算机公司提供的课程证书。后来在其他地方恢复教育的辍学者们的收入是否要计入关于辍学人员收入的统计数据中？没有获得高中毕业文凭但后来获得博士学位的辍学者（如本书的作者）的收入要被算入退学者收入的统计数据中吗？还是说，“辍学”一词仅限于那些不再继续接受教育的人？

对于那些考虑何时停止（至少是暂时停止）他们的学业教育的人来说，作为一个实用指南，特定的统计数据是否做出了这样的区分，这一点是非常重要的。鉴于随着时间推移，追踪特定个体的难度和成本都越来越高，大多数统计数据是否做出了这样的区分是非常令人怀疑的，或者可能没有一个统计数据做出过区分。这意味着高中辍学、没有取得高中文凭却在后来获得学士学位的人的收入很可能不会被计入高中辍学者收入的统计数据中。

## 招生流程

大学招生过程与学术机构内部的其他决策过程一样，不仅反映了高校的非营利性，还体现了那些做出特定决定的人所面临的特定激励因素。大学招生过程最基本的事实是，名牌院校拒绝申请者的比例很高。截至 2008 年，哈佛大学拒绝了申请者中的 93%，耶鲁大学拒绝了 92%，哥伦比亚大学拒绝了 91%。超过 80% 的申请者被鲍登学院（Bowdoin College）、乔治敦大学（Georgetown University）、达特茅斯学院（Dartmouth College）和布朗大学（Brown University）拒绝。这样一来，那些名校——其申请人数是它们招生数量的几倍，每年花费大量的资金在全美甚至海外招募学生，就显得很奇怪。而且，有些可能从未想过申请哈佛或斯坦福大学的高中毕业生很可能会收到来自这些和其他知名学术机构的邮件，并敦促他们考虑申请。一位招生主任描述了这个过程：

> 对于一个不习惯收到一堆信件的高中生来说，可能会瞬间产生一种自己很抢手的感觉。有多少学生曾经被斯坦福大学或欧柏林学院（Oberlin College）的人联系上，并得出结论："这个学校肯定想要我！"

实际上，这些学校招募这么多学生的动机之一，就是为了能够拒绝大多数学生，从而在《美国新闻与世界报道》和其他各类大学指南出版商的排名中保持学院"择优录取院校"的声望，因为择优性是通过实际录取人数占总申请人数的百分比有多小来衡量的。另一个激励因素是通过提供更大的"学生池"来满足教师对聪明学生的需求，他们可以从中搜罗出更多具有高资质的学生。

许多知名学院和大学的拒绝率很高，这意味着许多学生认为有必要向好几个学术机构提出申请，希望至少能被其中一个录取。他们所申请的机构通常至少包括一个他们不打算就读的学校，除非他们不能进入任何他们喜欢的学院或大学，他们才会去就读。简言之，学术机构由于其高拒绝率而产生的不确定性导致学生提交多个申请，从而耗费了时间和金钱。此外，学生的多个申请在大学招生办公室中造成了不确定性，因为不知道其中有多少被录取的人会真的来报到。

这些不确定性使学生和大学耗费了时间和金钱成本。例如，范德堡大学（Vanderbilt University）为 1550 名新生建造了一所宿舍，这是招生办公室负责安排入住宿舍的人数，不能有空房——这意味着不能有人不交学费，不能有人不交宿舍费。同时,不能有任何一个新生无法入住该宿舍。一位范德堡大学的招生官员说："实际上，我连一个学生的误差都不能有。"由于范德堡大学和其他机构不确定他们录取的学生中有多少会真的接受这个就读机会，所以它们采取包括候补申请人名单、具有约束力的提前录取，以及其他各种方法在内的措施，来达到恰好的入学新生人数。

这些策略没有一个是万无一失、无需成本的。几年前，当迪金森学院（Dickinson College）发现实际招收的学生人数不够时，它们把录取通知书发给了候选名单上的学生，但他们中入学的人不足以填满新生班。因此，迪金森学院在晚些时候增大了被录取的申请人的比例，尽管这可能会对该学院在大学指南中的"择优性"评级产生不利影响。正如迪金森学院的招生官员所说："比起招不满学生，我更愿意牺牲我们的录取率。"

虽然学生或他们的父母可能会认为，能否进入某所大学是一个是否符合它们的学术标准的问题，其实并不一定如此。由于大学招生官员使用高度主观的标准，所以无论学生的学习成绩如何，考试成绩如何，都不能让一个学生放心地被任何一所学院或大学录取。

在 SAT 数学考试中[①]，超过半数的数学分数在 750 到 800 之间的艾姆赫斯特学院（Amherst College）2011 级申请者被拒绝录取，而 20 名分数低于 550 的学生被录取了。在布朗大学，即使是拥有满分 800 分数学成绩的学生也只有 26% 被录取

① 学术能力评估测试（Scholastic Assessment Test，SAT）是由美国大学委员会（College Board）主办的一场考试，其成绩是世界各国高中生申请美国大学入学资格及奖学金的重要参考，它和 ACT（American College Test）都被称为美国高考。——译者注

进 2012 年的班级，而有 20 多名数学成绩低于 500 分的学生被录取。类似的现象在其他择优录取的大学里也很常见，在这些学校中，由于招生委员会的主观判断性很高，所以许多被拒收的学生的素质其实比其他被录取的学生更好。

尽管如此，被拒的学生们可能会觉得他们的一些不足之处是他们被拒的原因，并且会非常介意，正如一位招生主任所言：

> 那些收到拒信的人（无论在旁观者眼里他们的期望有多么不切实际），通常都会感到震惊。这一点只需要在四月份问问高中辅导员就能知道。我就当过高中辅导员。作为一名辅导员，我能感受到那种痛苦。而作为招生主任，我引发了那种痛苦……

实际的选拔过程反映了大学内部选民，即招生办公室职员的优先事项和利益，这是因为没有外部选民（如一家公司的股东或潜在股东）对资源的低效利用做出反对。广撒网式的招生工作，包括到全美各地的高中访问以及与特定的高中辅导员保持持续的关系，会比仅仅坐等学生申请并选择学习成绩或考试成绩最好的学生需要更多的招生工作人员，以及比预期大得多的预算。例如，《高等教育年鉴》（*The Chronicle of Higher Education*）报道，北密歇根大学（Northern Michigan University）"有 14 名招生工作人员，今年总共参观了 1500 所高中和展览会"。即使在像俄亥俄卫斯理大学（Ohio Wesleyan University）这样的小型文科学院，招生官员们也提到了"与成千上万的高中辅导员有一些固定接触"。

如果仅采用客观标准在众多申请人中做选择，所需的招生人员就会少很多。而现有的招生标准和做法不仅反映了需要这么多招生人员的原因，还能够让招生办公室的工作人员认为自己很重要，因为他们认为自己在用深刻的洞见考察申请人的"领导潜力"和"责任心"等主观事物，并且在对诸如克服了逆境或从事了被任意地定义为"社区服务"的活动进行奖励。

由于招生委员会普遍喜欢种族“多样性”，这些委员会能够随意创建他们喜欢的任何人口组合。这又是另一项只因机构的非营利性才变得可能的决定，因为没有股东或其他外部监督人员来关注此类招生委员会所做决定的经济或教育成本。这些不受限制的决定造成的一个后果是，由于亚裔和亚裔美国学生在大学中（特别是在排名最高的那些大学中）有被“过度代表”的倾向，因此几乎没什么因素可以激励那些试图创建人口“多样性”的招生委员会接受这些人，而且可能会有一些因素激励他们限制被录取的亚裔学生人数。正如一些大学过去曾限制犹太学生的入学数量，即使他们的入学资质比被录取的非犹太学生更优秀。

例如，一项针对密歇根大学（University of Michigan）的亚洲申请人的研究发现，那些被录取的亚洲学生的 SAT 总成绩比被录取的白人学生平均高 50 分，比被录取的西班牙裔学生平均高 140 分，比被录取的黑人学生高 240 分。在 2006 年，斯坦福大学、麻省理工学院和三所常春藤盟校都拒绝了一位亚裔美国学生的申请。他的 SAT 考试成绩是满分，物理、化学和微积分测试的成绩也都接近满分，虽然他最终被耶鲁大学和哈佛大学录取了。他的案例并非个例。由于招生标准的高度主观，不同的大学招生标准不太可能保持一致。因此，某个学生被一所高等院校拒绝却被另一所排名更靠前的院校录取的事绝非罕事。

与客观标准占主导地位相比，主观标准为招生委员会成员们提供了更大的预算、权力和受重视感。同样（与其他许多事情一样），比起那些更多地依赖同时满足客户和投资者以求生存的机构，学术机构的非营利性使其内部成员能在限制更少的情况下，为自己的利益服务。

招生办公室的工作人员数量可以更少，这并不是一个臆想。对于学术机构来说，在大部分历史时期，它们的规模其实比现在要小得多。例如，第二次世界大战刚结束不久时，哈佛大学的招生人员只有一名招生官和一名兼职秘书。如今，即使是一所小型大学，也可以有十几名或更多的全职招生人员加上大量的文员，处理招生办公室在全美各地开展的所有活动。随着高等教育机构可以利用的资金越来越多，包括政府补贴，甚至是政府对私有院校的补贴，出现了官僚帝国式的扩张。

不同于营利性私企，以最少的人力和资源完成特定任务会获得奖励，非营利组织官员的激励因素往往正好相反——使用尽可能多的人和能够说服高级官员批准的尽可能高的预算，因为管理更多的员工和更多的预算的责任，成了他们期望在机构内获得更高薪酬和更多重视的理由。正如斯坦福大学一位招生院前院长所说："如果我们只基于 SAT 分数来录取学生，我就失业了。"她也就不会拥有众多的员工或庞大的预算。无论有意与否，大学招生官员都有动机将申请人的甄选过程变得深奥且高度主观，需要大量的人长时间工作，每年旅行上千英里，与全美国的高中辅导员和学生进行会谈。

在这一点上（与学术界其他地方一样），对决策的有效性或金钱成本或流失的智力人才没有来自外部的任何监督。没有物主或股东向他们要"最大的回报"。

任何试图测试招生办公室所用标准的有效性——例如，根据客观标准招收入学班级半数的学生，另一半则根据办公室的决定来招收，然后在毕业的时候看看两者的对比——的学术主管都会激起一群人的反对，可能对他自己的职业生涯没有好处，也许会有很大的坏处。考虑到那些激励机制和约束条件，对学术主管来说，阻力最小的一条路就是不要自找麻烦——像在学术管理的许多其他方面一样——因为无论是在金钱方面还是在满足该机构宣称的教育目标方面，从更高的制度效率中获得的个人收益更少。

## 大学的成本

上大学的费用很容易被低估或高估。当媒体一再引用昂贵的私立大学学费时，学费往往会被高估，2008—2009 年度 56% 的四年制学校的学费低于每年 9000

美元。虽然媒体经常提到的一些知名学院的学费都超过三万美元，但是这些学费并不典型，而且通常只有不到一半的学生实际支付了这么多的学费，因为很多学生获得了所谓的“经济援助”。

即使是在大学学费高企的时代，在很多情况下去上大学的最大代价也不是学费，而是从事全职工作赚取收入的机会成本。州立大学的平均学费通常低于初级职位的年收入，而社区学院的学费往往更少。上大学的成本还包括书本费用的增加，但不包括全部食宿费用，因为不论学生是否上大学，他们都还是要住宿、吃饭。只有这些成本在校园内较高的情况下，它们才能被视为大学教育成本的一部分。简言之，金钱支出并不能衡量上大学的总成本，这取决于教育机构和环境。

许多人哀叹，大学的支出可能让毕业生们背负大量债务，必须在以后的岁月里还清——这些债务对于那些工资微薄的职业来说尤其沉重。政客们很可能会对这样的哀叹做出反应，尤其是在选举年。然而，许多或大多数关于这些问题的讨论忽视了成本和价格在经济中的作用，而且在讨论中，人们似乎认为，如果任何人的欲望受到经济学的制约，那么政府就应该去除这些制约——也就是说，把这些成本转嫁给纳税人。

尽管《高等教育纪事报》曾称，“高调的竞选”（high-pitched campaigns）把学生债务描绘成“全国性危机”，但大约三分之一的大学生毕业时根本没有债务，而其他人的平均债务约为两万美元——低于 2009 年一辆福特 Escape 的起售价格。没有人会认为购买汽车所招致的债务是如此沉重，因此纳税人必须补贴汽车的购置。此外，大学教育的债务仅偿还一次，而大多数美国人一生中会购买多辆汽车。最后，普通纳税人赚的钱不一定比普通大学毕业生赚得多。因此，强迫纳税人补贴经济前景好于自身的人，这种情况不为“帮助较不幸者”的常识所支持。

“职业收入较低的人的债务负担较重”这一论点完全忽视了价格在分配

稀缺资源（包括受过昂贵的教育的人）方面的作用。如果不能影响人们的决定，那么印钞票还有什么用呢？毕竟，钱本身不是财富——否则政府可以通过印更多的钱来让我们变得富有。金钱只是一种人为的手段，用来刺激经济行为，影响真正财富的产生。如果人们总是自动地不考虑金钱而做选择的话，那么我们用大量的纸张和墨水去印制钞票就是浪费。

很少会有人认为在职业选择时不应该考虑工资标准。一个常见的想法是，一些特别具有先见之明的第三方可以确定哪些特殊职业“真正”符合社会“需求”，因此应该通过对纳税人强制征税进行补贴。这种随意的选择是由第三方做出的，它们无须为自己的错误付出代价。而这些武断的选择在经济上（或道德上）优于人们为自己付钱做出的选择，并由此确定哪些产品、行业和职业将会得到何种程度的报酬。

## 学术开支

在财务讨论中，开支和价格有时会被混淆。在学术界，成本是学院和大学为了进行各种活动而支付给它们的雇员以及所有物品（从电力到办公用品）供应商的一切。价格是学术机构向其他人收取的费用，无论是用于教育学生、为政府或私营企业做研究，还是举办体育赛事或出版书籍和学术刊物等其他活动。这些价格中最突出的是学费，它与其他大学开销一起已经成为许多家庭预算中非常突出的一个项目。

正如哈佛大学的一位前校长所说的那样：“在大多数私立大学（不仅仅是顶级大学），一个学年的花费现在大致与美国家庭收入中位数相同。”不仅只有所有八所常春藤联盟机构以及像斯坦福大学、麻省理工学院等类似机构和芝加哥大学（University of Chicago）才收取每年超过三万美元的学费，乔治华盛顿大学（George Washington University）、罕布什尔学院（Hampshire College）、查普曼大学

（Chapman University）和西方学院（Occidental College）等少数知名院校也是这一收费水平。这当然还不包括食宿和其他的大学开支。

和其他机构（无论是营利性企业还是非营利性组织）一样，学术机构的收入必须能够覆盖其支出，其中一些金融因素对高等院校有着特殊的影响。

虽然“支出”看似一个简短的词，但它掩盖了各种各样的复杂问题，无论是在学术上还是在非学术背景下。支出是指生产货物和服务所发生的费用；价格是向这些商品和服务的消费者收取的费用。例如，价格控制法可以降低价格，但根本不能影响成本支出——这是这类法律产生不利影响的原因之一。即使我们清楚地知道我们要考虑生产成本，但可能并不存在固定的商品或服务成本。大规模生产会降低许多商品的单位成本，所以许多东西的单位成本取决于其生产的数量。

在经济学中，“成本”通常指生产给定数量和质量的产品和服务的固有或最低成本。否则，任何资金的支出（无论是由于效率低下、不负责任还是腐败造成的），都将被算作生产成本。但是，正如之前指出的那样，有一些学术政策和做法使得高校的实际财务支出大大超过了这些固有成本，无论这些政策和做法是源于学术机构、认证机构、美国大学教授协会，还是其他人。

开办一所学院或大学所固有的成本，当然是教育学生的成本，以及聘用教职员的成本。学校在这两种情况下，都不存在像以利润为基础的企业那样需要抑制成本的诱因。

## 学生教育成本

任何东西，只要大学选择在这方面花了钱，都会被大学称作“成本”，然后它们可以被利用，作为学费上涨的理由，并呼吁政府和其他捐助者帮助填补“不断上涨的成本”。这些“成本”包括在距离得克萨斯大学奥斯汀分校（University of Texas at Austin）六英里以外的地方建立一个高科技中心，伊凡斯维尔大学（University of Evansville）和达拉斯大学（University of Dallas）分别在英国和罗马创建海外校区，以及斯坦福大学在欧洲和南美创建留学生中心。《经济学人》杂志曾报道："俄亥俄大学（Ohio University）设有一个学生中心，其中包含一个拥有 250 个座位的剧院、一个美食广场和一个五层的中庭。"据《商业周刊》（*BusinessWeek*）杂志报道：普林斯顿大学花费超过 1.3 亿美元，为 500 名学生建立了一个新的住宅区。其中每个学生的房间都有装着三层含铅玻璃的红木窗扉，而餐厅拥有一个 35 英尺高的天花板，山墙是橡木制的。

即使大学的支出是为了真正的学术目的，对大学生来说也不一定有好处。在许多大学校园里建造的新科学实验室就是一个例子：

> 很多理科的大学生也很难享受到新的校园实验室带来的好处，因为这些实验室主要是为了教师和研究生的利益而建造的。

当上涨的主动支出被称作"成本上涨"，并成为提高学费、寻求更多纳税人的钱，甚至动用捐赠款的依据，就说明竞争企业所面临的各种经济限制在学术世界根本不起作用。

在这样的背景下，我们就能理解为什么校园设施（如保龄球场和豪华休息室）的增加，都被算作教育的成本。例如，宾夕法尼亚州的印第安纳大学（Indiana University of Pennsylvania）会斥资 2.7 亿美元，用于修建被《高等教育纪事报》描述为"奢华"的新宿舍。按照《高等教育纪事报》的描述，总体来说，大学宿舍比过去要"安逸"。其他设施也变得更加精细和昂贵：

> 去年《达拉斯晨报》（*Dallas Morning News*）报道说，在得知得克萨斯农工大学的攀岩墙为 44 英尺后，贝勒大学（Baylor University）将其计划修建的攀岩墙高度从 41 英尺增加到了 52 英尺。然后，休斯敦大学（University of

Houston）修建了一座53英尺高的攀岩墙。后来，甚至这个高度也被得克萨斯大学圣安东尼奥分校（University of Texas at San Antonio）超过了。

那些仅仅靠赚钱维持的非典型学术机构很少能提供非营利院校提供的各种便利设施。正如一项研究所说：

> 营利性学校的建筑物朴实无华却舒适。学校在多个地点运营，而非在一个大型的集中式校园。在它们的任何一个校园里，入学人数通常都是几百或者最多几千人。几乎所有的设施都与教学或管理直接相关——即使有，也很少有娱乐设施、美术馆、音乐厅、研究实验室或具有典型大学校园特色的图书馆。

营利性高校提供的教育不仅更具成本意识，而且更专注于创造职业技能的课程，例如计算机程序设计、商业管理，以及在就业市场上受到重视的其他课程，而不是哲学、人类学等课程。简言之，它们根据付费客户的需求量身定制所提供的东西，就像其他营利性企业一样。

考虑到由认证机构和美国大学教授协会建立的学术界价格战抑制机制，和为弥补成本上涨而从纳税人处获得资金的可能性，以及在需要的时候动用捐赠资金的能力，这些非营利性学院通过在航空业曾出现过的便利设施竞争（例如，经常赠送洗浴用品套装或免费葡萄酒），开展了非价格战竞争。在航空业放宽管制后，新的低成本航空公司进入该行业，造成了许多航空便利设施的消失。但学术机构受到认证机构的（还有来自其他方面的）保护，认证机构将许多便利设施和津贴视为新机构为吸引学生和获得政府资金所需认证必须承担的费用。

在学术机构中，成本尤其难以捉摸，因为它们大多数都在生产联合产品——包括教学和研究。联合产品不存在平均成本。养猪有平均成本，但生产培根没有。培根是由火腿、猪排和猪皮结合生产出来的。在学术界，相同的教授、相同的图书馆、相同的科学实验室和相同的计算机设施同样用于教学和研究，在这两种活动之间做任何成本区分都是武断的。

教学和科研成本难以确定还有另一层意义：当许多大学的平均教学负担从 12 个学分减少到 6 个学分时，需要雇用两倍的教员来教授一定数量的课程。虽然这额外的成本可能会在学校的会计记录中被归到教学上，但是事实上减少教学负担的一个关键原因是为教授提供更多的时间来做更多的研究。

学术机构经常提出这样的论点：它们教育学生的费用大于它们收取的学费。有些人相信这是非营利机构利他主义的标志。但是，由于教学是学术机构的联合产品之一，是伴随着研究和其他辅助活动产生的，所以这种表述是一种逃避的解释。

如果纽约扬基队（New York Yankees）的老板们做出类似陈述，说管理棒球队的全部费用并非由去扬基体育场的球迷支付的，并推导出他们的组织是一个无私的机构，那是不会有人当真的。俱乐部的所有者出售的联合产品包括在扬基体育场举行的棒球比赛现场表演、这些比赛的电视转播权、在公园出售广告空间，以及在棒球队出城时和淡季期间出租扬基体育场，以供其他娱乐活动使用所取得的收入。考虑到所有这些活动带来的多种收入，完全没有理由让球迷通过购买门票来承担棒球队的所有运营成本。

同样，没有理由让学生支付大学所有活动的所有费用。然而，人们却将斯坦福大学教务长的这种说法当真了，即学费只占教育学生成本的 58%，即使没有明确方式可以确定斯坦福大学或其他多功能教学机构支出的多少可以归类为教学支出。《高等教育纪事报》计算了学生支付的教育费用，方法是“用每个机构的年度预算总额除以招生量”，然后得出结论，国有研究型大学的学生只需支付这类机构成本的 47%——就好像这些机构的所有成本都来自教育学生一样。

如果从字面上说，大学在每一个学生身上都赔钱，那么很难解释为什么这些机构还要花那么多时间和金钱来招收学生，以及为什么某一机构录取的学生人数往往随着时间的推移而增加。但考虑到增加学生的成本增量会相当低的事实，这些事情是有意义的。一旦建立了教室、宿舍、图书馆、运动场和其他校园设施，让更多的学生使用这些设备产生的费用就会非常有限。换句话说，如果一所大学录取的学生中，实际来注册的人数不足，住不满宿舍，那么那些剩下的空房间不太可能使宿舍管理成本降低多少，反正还没有失去一个学生及其应缴的学费和宿舍费给学校带来的损失多。正如《高等教育纪事报》曾经指出的那样：

> 随着招收新学生的竞争越来越激烈，大学校长们正在像对待橄榄球教练那样对待招生主管，并解雇那些无法招满学生的人。

如果大学真的是在学生身上赔钱的话，是不应该出现这种行为的。大学像纽约扬基队渴望让球迷来扬基体育场一样渴望招收学生，尽管在这两种情况下，入学 / 场的价格都不能覆盖该组织的所有成本。在这种情况下，学术界称为“财政援助”的价格折扣就具有经济意义了。正如一位大学校长和另一位大学院长合著的一本书所言：

> 正如航空公司已经了解到以较低折扣填充座位比留着空座位更好，大学也已经看到，拥有大量机构补助金的学生会带来更多的净收入，比让教室空置好。

在申请人数多于可招收人数的大学中，只招收可以支付全额学费的学生这一做法是可以实现的。但这会与教职员工的愿望、学校的公共关系，以及学校招生办人员的普遍想法相冲突。在招生办里，即使是以优异成绩为基础的奖学金，也常常被谴责为“购买”具有高资质的学生，这与向学历不高的学生颁发基于需求的奖学金截然不同。此外，没有所有者或投资者监督决策对机构收入的影响这一事实，意味着招生办公室更容易按自己的意愿行事。学术界普遍认为：“优秀生援助对于已经获得绝大部分国家资源份额的学生来说，是另一种回报。”

这就产生了一个根本性问题，即招生政策和财政援助政策应该达成什么目标——这些政策是否应该允许招生办公室人员根据自己的武断来处理这些金钱或实物的赠予，或将该机构的财务和学术资源投资到对于产出的毕业生智力素质方面最划算的领域。由于缺乏衡量招生和财政援助政策成败的底线标准，这些办事处的人员构成了另一个能够按自己意愿办事的内部选区，很少或根本不用考虑外部的机构目的，在制度效率上很少有或根本没有拥有既得利益的其他人对他们的决定进行监督。

## 教职员工成本

大学的主要成本之一是教师的终身职位。结合反对年龄歧视的法律，终身制实际上意味着终身就业保障，对那些没有跟上各自领域脚步的教授，或者在后来以别的方式在教学上和研究上变得不那么有成效的教授来说也是如此。通常只能通过付给他们一大笔退休金才能换掉他们。除了替换他们之外，另一种选择是雇用别人来教授同样的科目。这种课程复制是很昂贵的，然而相比让知识已经落后业内同行的教授培养出不合格的学生，这可能是学校维持其部门良好声誉的唯一途径。

虽然大学对现有终身教职人员所能做的寥寥无几，然而在这些教授退休或死亡之后，聘用他们的学术机构可以选择聘用有终身职位的替代人选或雇用没有终身职位也不会在“晋升或淘汰”机制下争相获得终身任期的人。这些非终身轨的职位可以是兼职教师或客座教师，也可以是全职教师，但其聘用合同不会产生终身任期。

随着时间的推移，越来越多的机构正在招聘没有终身职位或对终身任职没有期待的教员，其中包括兼职教员，还有一些不在终身轨的全日制教员。随着时间的推移，不具有终身任期资格的教职人员占总体教职人员的比例越来越高，这一趋势普遍存在。2010 年，《纽约时报》报道：

> 在 1960 年，75% 的大学教师是全职终身或常任轨教授；而今天仅有 27% 是。其余的是研究生、客座教师和临时教员，他们的合同是以课程或年度为基础的，通常没有任何福利，工资是拥有终身职位的同事的三分之一或更少。

兼职教师在排名较低的大学、社区学院和营利性学校中尤其普遍。例如，在杜佩奇学院（College of DuPage），客座教师的人数超过全职教师的三分之一。在像菲尼克斯大学这样的营利机构中，几乎所有的教师都是兼职的。

然而，非终身教职人员的广泛使用绝对不局限于那些没那么有名望的机构。在一些精英机构中，非终身教职人员也广泛存在。在这些机构中，许多顶尖学者不愿意教本科生，而是专注于更高级的工作，这些工作在智力和财务上对于他们都更有价值。密歇根大学的一位理科教授曾非常直率地把这种情况说出来："我在本科教室度过的每一分钟都浪费了我的金钱和声望。"对学生来说，这意味着他们可能会被一些知名度高的机构所吸引，而这些机构的威望是由不太可能教他们的教授产生的，特别是在他们大一的时候。而且在某些情况下，除非他们升为研究生，否则这些教授不可能给他们上课。

## 学术收入

一个机构的非营利性并不意味着它对金钱漠不关心，甚至不意味着它对金钱的追求比营利性企业逊色。在许多学院和大学，初级教员不能期望晋升为终身教员，除非他们获得研究经费。该机构从中抽取相当大的份额作为管理费用，例如，给卫生与人类服务部的拨款平均约为 44%。

从某种程度上讲，这些管理费用代表了教员职业生涯早期投资的收回。根据《高等教育纪事报》的记载，威斯康星大学麦迪逊分校（University of Wisconsin at Madison）为每位新教授花费了大约 120 万美元的创业费用。《高等教育纪事报》还说：

> 一位教授通常需要八年的时间才能带来足够的研究经费以覆盖这笔成本。一位在麦迪逊分校任职 25 年并争取到终身职位的教授平均带来大约 1300 万美元的研究经费。但是，该大学甚至在教授们还清初始投资之前就失去了许多教授。

了解了一所领先的研究型大学的教授所带来的大笔资金，就很容易明白为什么与教学型学院相比，这些大学之间的竞争会使教授的薪水上涨。

## 政府

政府是高校收入的主要来源。如上文所述，在四年制大学里，尤其是在研究型大学里，学校从政府处收到的资金普遍超过了学生的学费。

如果政府对学生的援助方案是从学校收费里扣除家庭的高等教育“预期出资”（主要以家庭收入为基础），进而确定补贴数额，并假设学校的收费是大多数家庭都能够承担得起的，那么即便是一个小学院，它每年也会损失数百万美元的政府资金。从学院财政利益的角度来看，让大部分学生负担不起学费，并利用从政府那里得到的额外资金来提升校园设施，以便与其他大学竞争，会更有意义，而不是在学费的基础上竞争。

保持这种持续不断的学费升级的谬误忽视了这样一个事实：补贴现有成本为这些成本的提高提供了激励因素。一项研究发现：“公立四年制学校在联邦学生援助每增加 100 美元时，往往会增加 50 美元的学费。”

学术机构向国会游说，争取资金，用于一般高等教育以及它们的特定机构。由于法律为特定机构指定的专款是绕过同行评审程序的一种方式（联邦机构通过同行评审程序来衡量竞争性的资金请求）。因此，那些与更有声望的机构相比不大可能获得择优发放的补助金的机构，会特别寻求这类专用资金。正如一项研究指出的那样："非顶尖研究院校的游说活动占大学游说活动的绝大多数，而且其中几乎百分之百都是奔着专用资金去的。"同一研究中描述了这一游说过程：

> 今年 1 月，一所大学的管理人员与该校的游说人员会面，为即将到来的财政年制定游说策略。他们根据成功的可能性，将潜在的专款请求作为优先事项，并确定需要游说的当选官员。他们通常会瞄准来自该大学所在区和州的代表和 / 或参议员。3 月份，该大学开始游说目标代表，请求他们将其要求纳入拨款立法中。8 月份休会后参议员会继续推进，将这项请求列为 13 个拨款法案中的一项。随着拨款法案被递交总统，这个周期在深秋结束。

参与游说联邦政府资金的大学每年平均花费 10 万美元。每所大学都在这类游说活动中获得超过 100 万美元的联邦资金。担任众议院（或参议院）拨款委员会成员的国会代表（或参议员）所在地区或州的大学的游说投资回报率，甚至比收到八倍回报率的其他大学还要高。所以，非营利机构对金钱的追求并不一定比营利性企业低。

外部资金来源（政府、行业、基金会和个人捐助者）对于研究来说至关重要，而这些研究又对个人和机构的繁荣和声望至关重要。即使是像哈佛和耶鲁这样拥有丰厚资助、每年从投资于金融市场的捐赠中获得数百万美元的大学，也不会拿出自己的资金去为大部分研究提供资金，而是动用从政府和其他外部来源中获得的资金。例如，在 2004 财年，为资助其研究与开发，耶鲁大学花费掉的从政府手中获取的资金数额是其花费的自有资金的 10 倍以上，而哈佛大学则没有为这一目的花费过自己的一分钱，它花费了 3.99 亿美元的政府资金。

## 学费和助学金

虽然来自政府的资金超过了学生支付的学费，但学费收入却不容忽视。虽然每个人的官方学费是相同的，但在许多学费昂贵的高校中，大多数学生以这些价格的折扣形式获得了所谓的"经济援助"。在学界被称为学费的东西在私有行业会被称为定价,根据收入给予不同的折扣将被称为"顾客肯出多少(钱)就要价多少"。

在竞争激烈的市场中，比起以营利为基础的企业，非营利机构的政策的确更容易调整，以适应学术界内外的方式和压力。因此，当拥有大量资助金的大学被国会施压，要它们花费更多的资金来降低大学的学费时，哈佛大学率先宣布将支付所有家庭年收入不超过六万美元的学生的大学费用。营利性私人企业则负担不起像这样的免费分发商品或服务。无论是从教育角度还是从社会角度来看，这是不是对哈佛大学所获得的资金的最佳利用，是决策者们不需要面对的问题，因为并没有所有者或投资者在他们的经济利益被牺牲掉时做出反应。

## 校际体育运动

校际体育运动，尤其是足球和篮球，是一些高校收入的又一来源。许多有大型体育项目的大学与一些公司之间有着多年的媒体合同。这些公司会花费上千万美元来转播它们的比赛。2009 年，俄亥俄州立大学（Ohio State University）签署了一份为期 10 年的合同，该合同保证合作企业支付总额为 1.1 亿美元的资金，以获得其媒体和营销权。然而，这些收入很少为这些机构的教育活动做出贡献。

耶鲁大学前校长简明地对这一情况进行了总结："我还没有看到过用足球或篮球收入建造的实验室、图书馆或宿舍。"相反，这些体育项目以及其他体育项目花费的钱通常比它们赚取的钱要多，尽管除了其他来源的资金外，顶级校际运动会还可以给一所大学带来数百万美元的门票收入，而大学篮球赛的转播权又能为大学再挣到数十亿美元。

虽然教学和研究是联合产品，二者的成本不可能被分开确定，但是校际体育活动所涉及的大部分成本不是与其他学术活动共同发生的成本。体育场很少是研究或学术学科教学的场所。为了将大学运动员的成绩保持在使他们能够继续参加比赛的水平，对他们的学术指导和建议通常都是由单独的工作人员进行，甚至是在单独的建筑物中进行的，不同于其他学生接受学术指导和建议的场地。

在 2006 年，俄亥俄州立大学成为第一个每年在其众多体育项目上花费超过一亿美元的学术机构。然而，由于有一支排名第一的橄榄球队参赛，其 1.018 亿美元的开支在当年就实现了 1.047 亿美元的收入。但是，在大多数大学里，体育项目在财政上造成损失却像规则一样固定不变。而且，即使是那些体育项目在某一年的收益能够覆盖其支出的少数高校也不需要继续这样做。关于 2007 年俄勒冈大学（University of Oregon）体育项目，《高等教育纪事报》是这样报道的：

> 俄勒冈大学自豪地宣布，它最近加入了为数不多的拥有自给自足体育部门的大学的行列。但是，大学官员们承认，几个糟糕的足球赛季表现造成的收益缩水将足以使该部门重回财政赤字的状态。

尽管一些“创新型”结算曾经隐瞒了一些校际体育运动会的成本数额，但据《纽约时报》报道，全国大学体育协会（National Collegiate Athletic Association，NCAA）的负责人承认，如果没有算错，1000 多个大学体育部门中只有不足 10 个有所盈余。大学棒球是亏损最大的校际体育运动。也许是因为大学棒球比赛的电视转播需求不大，这与对大学橄榄球比赛的需求（这种需求可以抵消大学橄榄球赛的一些成本）形成鲜明对比。2004—2006 年，大学棒球项目的年损失中位数接近 70 万美元。

全国大学体育协会是一个全国性的卡特尔（一种垄断联盟）。其指导原则是，大学校际体育活动中涉及的大量资金不得支付给冒着人身风险进行比赛的学生运动员。同时，那些在边线指导这些运动竞赛的人可以获得丰厚的奖励。一百多年前，在哈佛大学聘请了第一位有薪酬的橄榄球教练时，他的薪水就“比收入最高的哈佛大学教授的薪水还高出30%，并且还与担任了近40年校长的查尔斯·艾略特（Charles Eliot）的薪资相当”。这种模式在今天依然很普遍，不同的是，橄榄球教练的薪资比他们各自大学的校长薪资高，这一点现在更为常见。

即使是在一所大学中招募高中橄榄球运动员的高级招聘人员，每年也能挣到20多万美元，这比哈佛大学一位正教授的平均工资还要高。2007年，有21个一级联赛（Division I）学校每年花费超过100万美元招募运动员，其中田纳西大学诺克斯维尔分校（University of Tennessee at Knoxville）的花费超过了200万美元。即使是大多数常春藤联盟大学，虽然它们不属于高风险一级联赛运动的一分子，也会各自在招募运动员上花费75万~100万美元。

一所大学给那些为一项通常在净余额上亏损的活动做指导的人支付巨额薪水，这看起来很奇怪，甚至不合理。但是，必须再次指出，我们有必要区分站在整个机构的角度看到的利益和站在该机构内部做出特定决定的特定个人的角度看到的利益。而且，短期经济效益与长期经济效益不同。

短期内，体育场和其他体育设施已经建成，因此唯一重要的成本是维护和运营这些设施的增量成本，这可能是包括建造这些设施的成本在内的总成本的一小部分。一个成功的体育项目可以带来的收入，无论是门票收入、电视转播权、碗赛资金等，都可能轻易超过保持运动项目存在与成功的增量成本。另一方面，如果橄榄球队或篮球队在比赛中长期失败，那么所有这些收入来源可能会急剧下降，甚至无法覆盖运营体育项目的增量成本。

显然，每出现一支不败的球队，就意味着必然有几支球队被它们打败了，而且全体大学球队的总胜负数量必须相等，这使得很少有球队拥有令人印象深刻的、能够保持体育场满座，以及比赛转播权抢手的成绩。考虑到这些激励和限制因素，付出很高的薪水雇用一位可能会带来赛季优胜的教练是值得的。

然而，从长远来看，体育场和其他运动设施将需要昂贵的翻新或重建成本。从纯粹的经济角度来看，学院或大学在那个时候停止校际体育项目可能会更好，因为它们花费的钱比它们带来的收入要多。但是，从大学校长的角度来看，终止校长多年来一直批准的橄榄球或篮球项目，会引发学生、校友甚至一些教职员工的愤怒，这样真的值得吗？很少有因素能够激励大学校长超越自身的任期去思考长远的问题。此外，校长的任期却完全有可能会因激怒了该机构中各种各样的选民而被缩短。

当即使是像伯明翰－南方学院（Birmingham-Southern College）这样一个以文科为主导的大学退出了一级联赛，降至第三级联赛（Division III），与其他小型的以文科为主导的文理学院竞争时，学生们还进行了抗议。当地报纸还批评了这一决定，尽管650万美元的运动预算已占去了该学院总预算的15%。如果一个从来不曾被视为橄榄球或篮球强者的机构都仅因降到了一个不那么显著的运动联赛而引发骚动，那么可想而知，完全放弃校际运动会会产生什么样的反应。

由于参与校际体育运动的大学都是非营利组织，因此没有股东抱怨补贴亏损活动的效率低下，更不会发起一场活动以摆脱正在降低投资回报率的首席执行官。在一家以利润为基础的企业中，任何亏损的经营活动都会对该机构的长期经济状况构成威胁——而长期威胁会立即体现在其股票价格、下降的债券评级，以及越加不愿意借钱给它们的银行或其他金融机构的态度上。重要的是，那些数量上相对较少的以营利为目的的学术机构，包括学生数量超过任何非营利性大学的菲尼克斯大学，都没有橄榄球队或体育场。

在学术界，这些决策和许多其他机构决策的核心是，很少有人（如果有的话）

在大多数大学和大学官员所做决定的长期经济或教育后果上，有着直接的个人利益。学生们在几年后就会离开，教授们很容易从一个机构转到另一个机构。今时今日，几乎没有哪个学院或大学校长像查尔斯·艾略特曾在哈佛大学或尼古拉斯·默里·巴特勒（Nicholas Murray Butler）曾在哥伦比亚大学或者罗伯特·赫钦斯（Robert Hutchins）当年在芝加哥大学当校长一样，连续几十年都留在同一个机构。

排名靠后的大学的校长可能有志于成为排名更高的高等院校的校长，而后者的校长可能有志于在政界或基金会担任高层职位。但今天却很少有人对某个特定机构负有长期的责任，为学生、教师或管理人员提供激励机制，以长远目光看待目前正在制定的决策所带来的后果，无论这些决策是校际体育比赛方面的还是高等教育其他方面的。

值得注意的是，尽管全国大学体育协会的发言人将校际运动员们描述为首先是学生，然后才是运动员，但一级联赛的足球运动员们每周平均花费 44.8 小时参加体育运动，甚至连参加校际高尔夫球比赛的人每周都要花费平均 40.8 小时的时间在这项运动上。为大学运动员制定的更严格的学术标准导致许多大专院校为其运动员专门设立了昂贵的学术顾问项目。据《高等教育纪事报》报道：

> 自 1997 年以来，全美 73 个最大体育项目中超过一半的运动员学术服务预算平均已经增长了一倍多，达到了 100 多万美元。2007 年有一个项目花费了近 300 万美元，平均每位运动员花费超过 6000 美元。

2007—2008 学年，在俄克拉何马大学（University of Oklahoma），这些专为大学运动员设计的辅导机构的年度预算达近 300 万美元，并且已被至少十几个机构安置在面积超过 20 000 平方英尺的建筑物中；而在位于塔斯卡卢萨（Tuscaloosa）的阿拉巴马大学（University of Alabama）和位于巴吞鲁日（Baton Rouge）的路易斯安那州立大学（Louisiana State University），安置这些辅导机构所占用的面积已经超过了五万平方英尺。

校际体育比赛的最大受益者是职业橄榄球和篮球联盟，大学体育运动被它们恰如其分地称为“免费的小联盟”。据估计，如果大学是以经济为基础的机构，那么作为球员的来源，它们可以向职业橄榄球和篮球联盟收取超过一亿美元的费用。

### 其他收入来源

学术机构的其他收入来源包括它们从捐赠资金中赚取的收益和出售债券所得的收益。有着最丰厚捐赠金的大学可以依靠它们的捐赠金收益和/或支出部分本金来获得20%～40%的运营收入。在某些年份，普林斯顿大学几乎一半的预算都来自其收到的捐赠金。但《华尔街日报》在2009年报道称，典型的大学只能从其捐赠金中获得约5%的运营收入。债券的销售也会带来资金，以满足当前的现金流需求，尽管这笔钱并不是收入，而仅仅是以后不得不偿还的贷款。在经济低迷时期，普林斯顿大学靠此方法获得了10亿美元，哈佛大学获得了15亿美元。

## 经济学的正确思考

许多高校的经济和教育决策看起来难以理解，因为学校的行为不是为了追求学生的最高利益，就是为了追求学校本身的最大利益。然而，如果将其看作教授、管理人员、理事、体育教练和其他追求自身利益的人等各种自主决策者对所面临的激励和限制做出的回应，那么学术机构的行为就更容易理解了。这种内部利益冲突与整个机构的整体目标在一家营利性企业中更容易受到约束，因为在企业中，盈利与亏损之间的差异就是生存与灭绝之间的差异，而且在企业中，股东与外部金融机构会对企业内部决策的短期和长期影响做出迅速反应。

私营企业的机构投资者（如银行和华尔街金融机构）最有可能拥有个人股东

可能缺乏的专业知识和经验，因此它们可以敏锐地监测企业的效率。尽管公司股东可以隐瞒很多事情，但难以隐瞒的是底线——特定公司的盈利能力与同一行业或其他行业的其他公司的盈利能力的比较结果。在非营利性学术世界中，无论是在财政上还是在教育质量方面，都没有这样的底线。学术机构中的机构投资者往往是其他非营利组织，如基金会或政府机构，它们不像商业投资者那样具备个人利害关系。

如果最终的考验是令付费客户和投资者满意，而不是让组织内部人员或什么其他人员满意，那么可能对内部人员满足自我意愿的容忍程度会受到内在的限制。然而，像大学这样的非营利性组织，从那些无须考虑其意愿的人那里得到了很多钱——不仅是纳税人，还有那些为学校或特定学术项目提供捐赠的已故捐助者。当他们捐赠的目的不被遵循，而且捐赠的钱款被用于其他目的，包括与捐助者意愿相反的目的时，即使是活着的捐助者也可能没有什么追索权，除非通过代价高昂、旷日持久且结果不确定的诉讼。

尽管学术机构可能会向政府寻求专项资金，但它们并不希望捐赠者把捐赠的资金专项化，这样它们就能更自由地将托付给它们的钱用于任何它们想花钱的地方。当用于学生和教师研究的校园设施得到政府补贴时，纳税人实际上是在为学术机构之间的名望之争掏腰包。这本质上是一种零和博弈。虽然有些研究成果对社会普遍具有价值，但学术界内外的许多知识渊博的人都抱怨说，除了那些必须填写简历以促进其职业生涯的人以外，许多（也许是大多数）研究对任何人都没有多大价值。

由于这些研究很大一部分得到了政府、基金会和其他外部来源的资助，因此对这些研究的进度进行检查或限制的可能性很小。这种检查或限制适用于那些需要确保投资回报覆盖其研究成本的企业。在大学出产的、获得学位的学生方面，也几乎不存在经济上的限制，因为大学毕业生无法在某些领域找到工作是他们自身的问题，而不是授予他们学位的机构的问题。在许多领域，学生获得博士学位却难以找到工作的现象已持续多年，甚至好几十年，但是大学却从没有为改善供需关系减少所颁发的博士学位的数量。曾经，每一个历史教师岗位就有 100 多人同时申请，英语和哲学教师岗位的申请人数则更多。

政府补贴是这种无视需求限制、持续过度生产学位现象的因素之一，因为这些补贴填补了大学的很多巨额费用，特别是培养研究生的费用，并缓解了这些研究生不得不面对的问题——就业市场是否对他们正在学习的技能有足够的需求。政府研究资助为许多研究生提供了支持，无论是在他们攻读博士期间或之后，因为博士后补助仍会在他们取得学位却找不到工作而待在大学中时，为他们提供支持。

这个问题在人文学科中一直是特别尖锐的，同时它也存在于自然科学学科中。“在物理学方面，近 70% 的新晋博士接受了临时博士后职位。”《高等教育纪事报》2007 年报道说。换句话说，政府补贴减少了大学在需求降低时，在授予这些学位的领域提供较少博士学位的动机。

总的来说，高等教育获得资助的方式，包括大多数学术机构的非营利情况，为学术界的决策者们提供了比企业决策者大得多的决策权，因为企业的生存需要同时满足接受它们商品和服务的人，以及那些为生产这些商品和服务提供所需资金的人。因此，学术界内的许多决定符合那些做出这些决定的人的利益，甚于符合雇用他们的机构的利益，更甚于符合学者们从中获取资源的社会的普遍利益，这并不稀奇。

即便在财政紧缩时期，学术优先事项也可以通过什么东西被削减、什么东西没被削减而显示出来。一位大学校长讽刺性地将校园学术财政危机时期发生的事情与一艘即将沉没的船上发生的事情做了类比，大学校长是船长，教职员工是船员，学生是乘客：

> 总之，它类似于一艘即将撞上冰山的船，船长宣布船将下沉时，他最优先的任务是拯救船员。下一个优先事项是继续所有活动——午夜自助餐、宾果游戏和沙狐球联赛，以避免所有麻烦事。第三个优先事项是修理这艘船。而第四个，也是最后一个优先事项——如果时间允许的话，是拯救乘客。

# 收入事实与谬误

衡量收入的增长与不平等就像奥运花样滑冰项目——充满了危险的跳跃和旋转，而且远比看上去要复杂得多。然而，收入的增长和不平等话题似乎让许多人对缺乏说服力的统计数据持有非常坚定的观点。

艾伦·雷诺兹（Alan Reynolds）

马克·吐温说过世界上有三种谎言，分别是“谎言、该死的谎言，以及统计数据”。收入统计数据是典型的数字例子，可用通过不同的排列方式得出不同的，甚至是完全对立的结论。关于收入和财富有大量的谬误，下面列出了几条：

1. 除富人外，美国人的收入多年来一直处于停滞状态；
2. 美国中产阶级的规模在日益缩小；
3. 在过去几年，穷人越来越穷；
4. 企业高管的薪水过高，是以牺牲股东和消费者的利益为代价的。

有些数据是可以用来支撑这些观点的，而其他数据，或者把相同的数据用不同的方式排列，都能让这些观点像纸牌屋一样轰然倒塌。大量的统计数据是由人口普查局，或其他政府机构，以及各种私人研究中心采集而来，这些数据本身没有什么争议，但来自外界的争议却一直不绝于耳。争议针对的核心是数据分析（或者说是谬误）。

一些最具误导性的谬误来自将硬邦邦的统计分类同活生生的人类生命混为一谈。对家庭和收入阶层等进行的统计分类具有很大的误导性，原因在于：（1）每个类别的人数通常不一样；（2）个体会在不同的类别中变动。因此，近年来，收入属于前1%层次的人的收入在国民收入中所占的比重越来越大。实际上，那些在1996年属于这一层次的纳税人的收入却都是在下降的，一直到2005年。这两个明显矛盾的说法之所以都正确，原因在于，在统计的10年间，初期收入属于前1%的人中有超过一半的人在后期不再属于这一类别。他们的收入下降了，他们从那1%中被淘汰出局。

同样的原理也适用于低收入阶层。过去几年里，收入排名属于倒数20%的人的收入在国民收入中的占比一直在降低。实际上，在1996年个人收入属于最低的20%的那部分人的收入到2005年平均增长了91%。他们的收入几乎翻了一番，超过一半的人已不再属于倒数20%这个范畴。

## 收入停滞

美国大多数人的收入是否在增长，这似乎是最容易回答的一个问题，但实际上也是争议最大的一个问题。

### 家庭收入

我们经常听到的言论是：在过去的几十年中，美国家庭的实际平均收入几乎毫无变化。从1969年到1996年，美国家庭实际的平均收入（即经通货膨胀调整后的货币收入）仅增长了6%，这是不争的事实。这也许能算得上收入停滞。但同样无可争辩的是，美国人实际的人均收入在这一时期增长了51%。

这两个统计数据为什么会同时成立？这是由于多年来每个家庭的平均成员数量一直在下降。1900 年，一半的美国家庭有六个或六个以上的家庭成员，而到了 1950 年，家庭成员超过六人的比例仅为 21%。到了 1998 年，只有 10% 的美国家庭拥有这么多人。

每个家庭的平均成员数量不仅随时间变化，在特定时间里，不同种族民族和不同收入阶层之间的家庭成员人数也不同。例如，2007 年，即便黑人家庭的人均收入比西班牙裔家庭的人均收入要高，但由于黑人家庭的平均人口少于西班牙裔家庭，因此黑人家庭的家庭收入仍然要低于西班牙裔家庭。同样地，由于美国亚裔家庭的平均人口多于美国白人家庭，尽管白人家庭的人均收入高于亚裔美国家庭的人均收入，但亚裔美国家庭的家庭收入仍然要比白人家庭多。

想通过比较收入来说明生活水平的变化，利用家庭统计数据进行比较远不如利用个人收入数据来得可靠，因为家庭的规模会变化，而个人却始终是一个人。针对人们实际消费（即生活水平）的研究表明，多年来，人们的生活水平得到了显著的提升，即使是穷人，他们的生活水平也得到了很大的提升。他们中很多人的实际人均收入增长达到了 51%，人数比实际家庭收入增长达到 6% 的人数要多。但是，家庭收入的统计为谬误的滋生提供了极好的机会，而这些机会被许多媒体界、政治界和学术界的人士抓住，大肆利用。

例如，一位《华盛顿邮报》（*Washington Post*）的作者曾说："过去 30 年来，大多数美国家庭的收入一直保持不变。" 这表明了人们的生活水平几乎没有发生什么变化。一位《纽约时报》的作者也表达了类似的看法："自 1973 年以来，大多数美国家庭的收入未能跑赢通货膨胀。"《基督教科学箴言报》（*Christian Science Monitor*）援引华盛顿智库负责人的话称："经济的确在增长，但人们的平均生活水平却没有提高。" 哈佛大学的经济学家本杰明 · 弗里德曼（Benjamin M. Friedman）

说：“把价格上涨因素考虑进来后，中等家庭的收入是下降的；只有相对少数处于收入阶层顶端的人享受到了增长带来的好处。”

有时候这样的结论是由统计本身的缺陷造成的，但有时候引用数据的不一致也会带来偏差。例如，《纽约时报》专栏作家汤姆·威克（Tom Wicker）在描述林登·约翰逊（Lyndon Johnson）政府经济政策的成功时，引用的是人均收入的统计数据，但当他在陈述罗纳德·里根和乔治·沃克·布什两位前总统执政时期政策的失败时，引用的却是家庭收入的统计数据。与上面谈到的家庭一样，家族的大小也会随时间的变化而变化，不同的族群、不同的收入阶层，家庭的规模也不一样。

随着时间的推移，生活水平的提高本身就是家庭规模缩小的因素之一。早在20世纪60年代，人口普查局的一项研究指出：“比起跟亲人住在一起或是以室友、寄宿者等身份住进一个已经存在的家庭，人们更愿意拥有自己的房子，这一趋势还在上升，尤其是在不相关的个体之间。”实际人均收入的增加使更多的人能够拥有独立的住宅，而不是与父母、室友或是陌生人住在一起。然而，收入的增长导致越来越少的人生活在同一屋檐下，这个数据可能会常被用作证明经济停滞的证据。在低收入家庭中，收入的增长既可能使家庭收入高于贫困水平，也可能因为一些家庭成员搬出去成立自己独立的家庭，而使原来的家庭过度拥挤的情况得到一定的缓解。这反过来又会产生新的统计数据，显示为两个生活在贫困线以下的家庭的数据，而以前这样的数据只有一个。这样的统计数据并非不准确，但因此得出的结论却可能是错误的。

不同收入阶层之间，家庭规模的差异非常大。美国人口普查数据显示，3900万人的家庭收入排名处于倒数的20%，6400万人的家庭收入排名属于前20%的行列。在这种情况下，以家庭为单位来衡量收入差距或收入的增加和减少得出的结果，可能跟以个人为单位来衡量所得的结果完全不同。比较不同规模的家庭就像比较大小各异的苹果和橘子。不同收入水平的家庭中不仅家庭成员数量相差很大，而且家庭中实际工作的人口数量差异更大。

在 2000 年，收入排名前 20% 的家庭中一共有 1900 万人属于劳动人口，相比之下，收入排名最后的 20% 家庭中，劳动人口的数量不到 800 万。如果是比较全年都在从事全职工作的人数，那这些差异会更加极端。在收入排名前 20% 的家庭中，全年都在从事全职工作的人数约为收入排名倒数 20% 的家庭的六倍。即使是收入水平处于前 5% 的富裕家庭，每年全职工作 50 周以上的人数也多于排名处于倒数 20% 的家庭。从绝对数字来看，前 5% 的家庭中，有 390 万人口全年从事全职工作，而收入排名处于倒数 20% 的家庭中，仅有 330 万人全年从事全职工作。

曾经有段时间，"闲散阔佬"和"劳苦贫民"的说法都是有确实的意义的，但那个时代早已过去。收入处于后 20% 的家庭大多数没有全职劳动力，其中 56% 的家庭甚至连做兼职工作的劳动力都没有。这些低收入家庭有的是靠福利救济的单身母亲和孩子，有的是靠社会保障生活的退休人员或其他无法工作的人，以及因残疾或其他原因只能做兼职或者打零工的人。

因此，无论是比较特定时期内的收入差异还是跟踪多年来的收入变化，家庭收入数据都可能十分具有误导性。例如，一项研究将按照收入将某个国家划分成为五个平等层次，然后得出收入排名前 20% 的家庭与排名倒数 20% 的家庭之间的不平等程度十分可怕的结论。然而，同等的家庭百分比绝不意味着同等的人口百分比，因为相同比例下，那些最贫困的 20% 的家庭人口比那些收入最高的 20% 的家庭人口少 2500 万。随着时间的推移，收入不平等的加剧也变得没那么神秘了，人们因为工作可以得到更多的报酬，而这意味着那些工作不多或者根本没有工作的人则无法分享这种收入增长。除了不同收入群体中家庭参与工作的人数不同，整个家庭中劳动人口的总数差异更是巨大。在收入排名前 20% 的家庭中，劳动人口的数量是排名后 20% 的家庭的四倍，前者全年进行全职工作的人口数量则是后者的五倍以上。

毫无疑问，家庭工作人数的不同会导致收入的不同，尽管在人们的讨论中，收入的“差距”和“不公平”是由社会造成的，而这个事实常常被略去。收入的不平等不是由社会造成的，而是由那些对经济贡献较少，得到的报酬也相应较少的人群造成的——这种可能性很少有人提及，更没有人去验证。然而，收入排名后 20% 的家庭不仅在劳动上的贡献少，由于教育的局限，他们所能贡献的技能也要少得多。而收入排名位于前 20% 的美国家庭中，接近 60% 的人毕业于大学，而在收入排名倒数 20% 的家庭中，只有 6% 的人有大学学历。这些显而易见的事实常常被忽略，因为人们的讨论一般都只是假定这种情况是社会存在缺陷造成的，对与之相反的事实不加理会。

大多数关于收入不平等的统计数据都是以另外一种方式误导人的。这些统计数据没有把政府的补助拨款考虑在内。政府拨出资金用于各种项目，保障低收入人群的生活，这些项目为他们提供了实实在在的价值，而受益者不用做什么就能得到这些好处。对于收入排名位于后 20% 的这些人而言，他们收入的三人之二以上都来自政府拨款资金，而这些现金支出并不在统计数据之内，以至于很大程度上夸大了他们的贫困程度——除此之外这些统计也没有考虑到实物补助，例如住房补贴，因而这些数据体现的经济状况就更失真了。以 2001 年为例，在当年最低收入人群的经济来源中，政府的现金和实物补助一共占到了 77.8%。换言之，媒体和政界人士引用收入统计数字经常让人担忧，但却只算了人们实际可支配资源的 22%。

考虑到经济现实与统计数据之间的差异，要了解这些明显的异常情况就容易得多，因为生活在官方贫困水平之下的美国人的消费支出远远超过他们的收入——以统计研究中定义的收入为准。至于停滞，到 2001 年，大多数被定义为穷人的人拥有的财产曾一度被视为中产阶级生活方式才能有的。其中 75% 的人有空调，而在 1971 年，拥有空调的人数只占三分之一；97% 的人有彩色电视机，而在 1971 年，有彩色电视机的人只占一半；73% 的人有微波炉，而 1971 年有微波炉的人数不到 1%；98% 的穷人有一个相机或 DVD 播放机，而 1971 年没有穷人能买得起这些东西；另外，72% 的穷人有一辆汽车或卡车。虽然理论上还有很多“有”和“没有”的对比，但在实际的生活社会中，可能“有”和“有很多”这样的说法更加准确。

毫无疑问，的确存在一些真正的穷人，他们的生活也确实很苦。但是，他们与统计数据中经常提到的收入排名垫底的那数百万穷人中的大多数人没有相似之处。移民从墨西哥跨越美国南部边界，合法地或非法地成为美国移民，也带来了大量的贫困。在美国，外国人的贫困率几乎是全美平均水平的两倍。无家可归的人以及因毒品和精神问题而残疾的人，是贫困人口的另一个来源。然而，由社会的不公平导致收入“落后”的“劳动穷人”的形象与美国收入最低的那 20% 人群中的大多数人的情况几乎没有相似之处。尽管《纽约时报》有专栏指出，2007 年有许多人努力工作却仍然无法摆脱贫困，但同年的人口普查数据显示，在全年从事全职工作的群体中，贫困率仅为 2.5%。

## 工人收入

有些人否认近期美国工人的收入增加了。针对这类声明，需要对统计数据进行仔细的审查。统计中提到的一些事实都是非常基本的，但人们对此也有激烈的争论。例如，《华盛顿邮报》的一篇社论说，从 1980 年到 2004 年这 25 年间，“工人的工资实际上略有下降”。多年来，有许多人也在类似的著名出版物和书籍中表达过类似的观点。但经济学家艾伦·雷诺兹在谈到同年份的收入时说道：“人均实际消费增加了 74%。”而且其他人也态度坚决地否定了工人收入没有增加的说法。在这个问题上，尽管双方都引用了官方统计，但出现这样完全对立和矛盾的观点并不稀奇。

这个问题和其他问题一样，对于那些笼统地说“统计数据证明了”或这或那的结论，我们不能简单地接受，需要仔细审查统计中使用的定义，知道在统计时哪些东西考虑进来了，哪些东西被遗漏了。

如果统计数据显示多年来工人的收入并未显著增加或完全没有增加，这些数据很可能就没有把工作收益的价值算在内，例如健康保险、退休福利等，而这些收入在员工所得薪酬中占的比例却越来越大。此外，“工人”包括全职员工和兼职人员，而且兼职人员在所有员工中占的比例也越来越高。兼职人员每周的收入低于全职员工的周薪，既是因为他们的工作时间更少，也因为兼职的小时工资通常更低。虽然生产工人的实际小时收入在 20 世纪的最后 20 年中有所下降，但同时期内，这些工人的薪酬待遇的实际总价值却是在持续上升的。

简言之，即使兼职人员的劳动为国家产出和他们自己家庭的收入做出了贡献，但他们的周收入还是拉低了全美工人的平均统计数值。并非全职员工的薪水比以前少，而是因为在数据统计上，他们的收入被更多兼职人员的收入平均化了。因此，即使财富有所增加，数据上也看不到工人收入有所增加，因为 2003 年的平均周工资跟 30 年前的周工资差不多。不同之处在于，由于更多的兼职人员被纳入统计数据，以及越来越多的工人的薪酬正在以健康保险和退休福利等形式发放，所以导致在这段时间内，平均周薪看起来是在下降。即便如此，1980 年至 2004 年期间，工人的全职工资和薪水的货币收入也在增加，实际收入增加了 13% 或 17%（这取决于使用哪种价格指数）。如果把医疗和退休福利也计算在内，1980 年至 2004 年期间，工人的薪酬增加了近三分之一，尽管统计中依然没有把“个人退休账户和 401（k）计划中的无形收益”考虑在内。

实际收入的计算方式往往会使其增长随着时间的增长而被低估。由于要考虑通货膨胀，实际收入通常是除以某种价格指数后的货币收入，因此一切都取决于这些指数的准确性和有效性。而这些指标的构成和使用又很难做到精确。例如，许多著名的经济学家认为消费者价格指数内在地夸大了通货膨胀率，尽管并非有意为之。由于价格指数往往高估了通货膨胀，因此它低估了实际收入。

消费者价格指数的通货膨胀偏差源于这样一个事实，即它计算了一段时间内特定货物的价格，而这些货物本身也在随时间变化。例如，汽车的价格在不断上涨，但这些汽车的性能也在不断提升，今天的汽车通常都装有空调、音响以及其他许多曾经只局限于豪华车上的性能设备。因此，并非汽车价格的所有上涨都是通货膨胀带来的。如果今日的雪佛兰汽车配置了许多一度只限于凯迪拉克汽车才有的性能和设备，那么这些年来雪佛兰的价格涨到与过去的凯迪拉克价格相似，其价格的上涨并非全是通货膨胀的原因。如果类似的汽车卖出类似的价格，那就与通货膨胀无关了，而只不过是同样的车在不同时代的名字不同而已。

消费者价格指数的另一个通胀偏差是它只计算了大多数人可能购买的东西。人们消费什么产品取决于这些产品当时的价格。新上市的产品一般非常昂贵，因此没有纳入消费者价格指数，直到随着时间推移，这些产品的价格逐渐下降到大多数人可以买得起的水平。如我们所看到的笔记本电脑和录像机之类的东西，它们曾经是富人才有的奢侈品，如今大多数人都买得起，才会被纳入消费者价格指数。这看起来是很合理的，但从统计的角度来看，这意味着消费者价格指数无法同等地反映价格的上涨和下降。

在评估一段时间内的实际收入时，这会产生多大的差异？如果价格指数估计的通货膨胀率为 3%，那为了获得实际收入，货币收入统计的数据也会相应地减少。如果对通货膨胀率更确切的估值为 2%，那么这一个百分点的差异将会对实际收入的统计数据产生非常严重的影响。据估计，若 25 年内每年相差一个百分点，累积效应会导致美国人均年收入在统计结果上被低估近 9000 美元（即使美国人的收入在上升）。这的确是另一个造成实际收入停滞不前谬误的因素。

常见的谬误之一是，无论是由于外国竞争还是技术变革的原因，在美国经济中，人们失去了部分工作，这些工作都是高薪工作，而新增的工作岗位是低工资岗位，烙汉堡包的工作就是一个常见的例子。但在 1993 年至 1996 年间新增的工作岗位中，70% 的工资超过全美平均水平。经济学家艾伦・雷诺兹将消费数据作为最能实际体现生活水平的指标，发现在所谓的工人薪酬停滞时期，实际消费却增长了 74%。

还有其他更具技术性的谬误所产生的统计数据，这些数据被广泛引用以支持工人工资增长停滞的说法。我们已经大致了解，这些统计数据存在着问题，但许多人对统计结论还是如此着急地接受并重复，至于其原因，则是另一个超越经济领域的问题了。

## 收入差距

从根本上说，我们关注的是人而不是统计分类，而且我们最关心的是人类的生活水平。既然富人可以自给自足，那么收入低的人就是我们关注的焦点。显而易见，一些人利用数据统计，很巧妙地捏造了令人咂舌的结论，但这与人类实实在在的生活水平几乎或根本没有关系。

例如，一项被广泛引用的研究，利用所得税数据来说明“纳税单位”之间的收入不平等现象在日益加剧，营造了人与人之间的收入不平等也在加剧的假象。该研究数据中的一些纳税单位是个人，一些是夫妻，还有一些两者皆不是，因为其中一些纳税单位是企业。这种分类混杂不清，好比拿苹果和橘子进行对比。一些媒体对该研究的引用和解释，通常把这些纳税单位随便地称为“家庭”。但实际上，生活在一起却在各自单位纳税的一对夫妇，应该被视为一个家庭单位而不是两个，如果将他们各自统计为一个家庭则会使家庭的实际收入减半。

在统计学上的收入不平等急剧加重的时期，税法发生了重大变化，一些之前按营业收入征税的收入现在按照个人所得征税，尤其是在最高收入阶层，营业收入占总收入的比例也最高。换句话说，之前不被计入高收入纳税单位的个人收入的资金现在则按照个人收入征税。这样的统计就给人们造成了一种印象，即人们的实际收入发生了巨大的变化，但实际上发生变化的只是编制统计数据时对数据的归类。该研究在脚注中做了严正警告，但媒体在报道这些让人震惊的统计结果时却很少一并引用这些脚注。

正如收入统计数据极大地低估了低收入阶层的财力一样，急剧增长的个人所得税也大大高估了高收入阶层的实际财力。大多数收入统计数据都是统计税前收入，没有把政府的现金补助和实物补助考虑进来。由于大部分税收是由收入高于平均收入水平的人缴纳的，而收入最低的人的大部分收入来自政府补助，因此收入统计数据夸大了实际生活水平的差异。如果你在高估 A 的同时低估了 B，那 A 和 B 之间的差距就会更大。然而，政客、媒体乃至学术界，都是基于这些简单的谬误，发出了收入“差距”和“不公平”的警告。

人们往往将对贫穷的忧虑与对收入差异的忧虑混为一谈，好像富人的财富都是建立在对穷人的剥削基础上的，但这只是零和博弈谬误的众多形式之一。由于美国亿万富豪的数量是其他国家的数倍，如果富人的富有是建立在穷人贫困的基础上的，那么普通美国人将是世界上最贫穷的人群。然而，在世界上最贫穷的地区（如撒哈拉以南的非洲地区），亿万富翁的数量却很少。一些人声称富裕国家的富人剥削了贫穷国家的穷人，想以此来挽救零和博弈的观点。这一谬误将在第 7 章讨论第三世界国家时加以研究。我们先要对“贫困”和“不平等”单独地分析和谨慎地定义。

## “富人”和“穷人”

即使像“富人”和“穷人”这样被广泛使用的术语也很少被定义，其用法通常也会前后矛盾。以“富人”为例,富人通常是指拥有大量累积的财富的人。然而,讨论“富人”时使用的统计数据大多数与累积的财富并无关系，而是与特定年份的收入变化有关。同样地,“穷人”通常是根据其当前收入来定义的，而不是根据他们积累的财富的多少来定义的。收入和财富不仅在概念上有所不同，它们对每个人拥有的财富多少的定义差别也很大。有些人收入较低，但并不贫穷，这部分人群包括以下几类人群。

1. 富有的男人 / 女人的配偶。
2. 富有的投机者、投资者和企业的年度营业额有所减少，或者在某一特定年度出现亏损的企业所有者。
3. 年中从高中、大学或研究生院校毕业的学生。他们本年度的收入是下一年的一半或更少。
4. 刚刚开始职业生涯的医生、牙医以及其他独立从业人员。近几年内，他们还没有足够的客户来支付办公和其他花费，因此目前的净利润无法跟未来的年利润相提并论。
5. 与父母同住的富裕家庭的年轻人。他们无须支付租金,生活开支由父母负担。他们探索着人生的各种可能性，或是零散地工作，或是做着报酬低的入门级工作，又或者作为志愿者参与慈善事业或政治工作。
6. 拥有自己的住房的退休老人。即使他们的退休收入很低，但仍然比年轻人拥有更多的资产，因为他们无须支付房租或按揭贷款。

大多数人在谈到“穷人”的时候想到的都不是他们。但是，统计数据并不会区分那些只是暂时收入较低的人和真正贫穷的人。真正贫穷的人是长时间、持久性的贫困。他们的生活水平将会在很多年内甚至终生都保持在很低的水平。他们要么缺乏收入来源，要么没有财产，无法使生活变得更好。同样地，目前收入排名在前 10% 或 20% 的人中大多数人也并非一直都这么富有。大部分收入统计数据展现的都是某个特定时刻的“快照”，其结论与那些跟踪了目标群体很长时间的统计结果大相径庭。

例如，1975 年收入在倒数 20% 的美国人中，有 75% 的人在未来 16 年内的某个时间点的收入排名也曾进入过前 40%。换句话说，根据某个特定年份当年的收入情况来看，曾经被认为是穷人的人当中，有很大一部分人后来的收入排名进入了全美收入排名的前 50%。这种情况也不是美国特有的。英国的一项针对万人的研究跟踪了研究对象六年时间，最后发现在跟踪时间结束时，那些最初收入排名最后 10% 的人中，有近三分之二的人已经跳出了这个阶层。其他研究也表明，在希腊，生活在贫困线以下的人中有一半以上的人，在短短两年时间内就提升到了贫困线以上，而在荷兰这个比例是三分之二。加拿大和新西兰的研究数据也出现了类似的结果。

根据所得税申报表最新的数据显示，美国也出现了类似的情况，变动的幅度甚至更夸张，数据也更详尽。在 1996 年，年龄为 25 岁或以上、提交了所得税报税申报表、收入排名倒数 20% 的美国人，他们的收入到 2005 年增加了 91%。与此同时，在 1996 年属于最高收入群体的这些人，收入反而比 2005 年下降了 26%。简言之，媒体和政治界反复提到的富人越来越富、穷人越来越穷的说法，与所得税统计数据显示的情况正好相反。然而，这两种说法都是基于官方数据得出的，数据的准确性并不存在争议。

不同之处在于，一套统计数据（如人口普查局的统计数据）比较了某特定收入阶层多年来的收入变化，而其他统计数据（如财政部的所得税数据）比较的则是特定个体的收入变化。关键的区别在于，随着时间的推移，一些个体的收入发生了变化，并在不同收入阶层之间转换。在 1996 年至 2005 年期间，国内税务局数据追踪的人中有一半以上变动到了不同的收入阶层。当税收申报排名倒数 20% 的人在 10 年内收入增加近一倍时，许多人就不再属于收入最低的那个阶层。同样地，如果某一年里，收入最高的群体的那部分人的收入在同期下降了约四分之一，那么他们中的很多人就会掉出高收入阶层。

人们可能会认为，那些收入处于前 1% 的人，尤其是这些人中的佼佼者，无疑是真正的富人。而事实上，财政部通过所得税申报表反馈的数据显示，曾在 1996 年收入排名属于前 1% 的人中，超过半数的人到了 2005 年已不再属于这个群体；曾在 1996 年纳税最多的前万分之一的人中，有 75% 的人已不再属于这一行列。出于种种原因，收入的突然暴涨可能会使某些人在特定年份步入高收入阶层。例如，房屋出售、接受继承财产、卖出积累了数年的股票或债券，或是在拉斯维加斯赢了一大笔钱。但是这样的事情毕竟不多，并不能使一个人长期处于高收入阶层。有真正的富人，也有真正的穷人，但是对收入支出“快照”式的统计数据很容易在统计富人和穷人的数量上出错。比较统计类别的变化（如收入分类）跟比较有血有肉的人的变化是不一样的，因为人会在各个分类中变动。

具有讽刺意味的是，相对于收入和财富等更具分量的事情的统计，运动类的统计数据要做得更加仔细。随着时间的推移，相同个体的运动统计数据比他们的收入统计数据更具有一致性。不仅如此，在运动统计中，人们也很少把抽象的统计分类和有血有肉的人类混为一谈。没有人会认为如今的旧金山 49 人橄榄球队和 10 年前的球队是一样的，但人们却认为收入最高的那群人多年后还是同一批人，这样的想法很常见。因此，即使曾经在 1996 年占据了收入排行前 1% 的人在后 10 年中的收入已经大幅下降，但人们仍然会说“富人”在国民收入中所占的比重越来越高。基于抽象的统计分类（如收入阶层）得出结论和为活生生的人类制定公共政策的现象简直太常见了。

考虑到低收入阶层个体维持这一收入状态的短暂性，就更容易理解为何那么多年收入低于 20 000 美元的家庭却能够住着价值 300 000 美元或更昂贵的住房了。除了这些特例，收入排名倒数 5% 的人平均每年的支出是其年收入的两倍。

显然，这些人肯定还有其他收入来源来支撑其购买力，无论是多年的存款，基于过去收入和未来前景的信贷，未申报的非法收入，还是由配偶、父母、政府或其他捐助者提供的资金，都是补充性来源。

尽管老年人经常被描述为挣扎度日的人，但在美国，户主为 70 至 74 岁的老人的家庭却享有全美最高的平均财富，比任何年龄层都高。户主为 65 岁及以上的人的家庭平均收入不到户主为 35 岁至 40 岁的年轻人的家庭平均收入的一半。但户主若是年纪更大一些的老年人，他们的平均家庭财富是年轻人家庭的三倍；比起那些还不到 35 岁的人，更是有 15 倍之多。65 岁及以上年纪的老人的收入中，只有 24% 的钱是自己赚的，另有 57% 的收入来自社会保障或其他养老金。这意味着基于报酬的“收入分配”统计数据严重低估了老年人的收入，他们的实际收入是统计数据的四倍。

这甚至还没有把年纪大的房主可用的资金计算在内，即他们通过“反向抵押贷款”获得的房子的净值收益。通过房屋净值贷款获得的收入不会被计入收入统计，因为这些贷款是在他们去世后用他们的不动产进行偿还的。即便通过转卖房屋净值换取的现金流不会被计入收入统计中，它在经济活动中与收入的作用却是一样的。

尽管媒体和政治文章说老年人生活贫困，甚至为了承担药费不得不吃狗食，但在 2007 年，65 岁及以上的老人的贫困率低于全美平均水平。而且，这些人中没有健康保险的不到 2%。由于已经退休，所以老年人的收入低于平均水平，但他们并不穷。65 岁及以上的老人中有 80% 是房主或购房者。这 80% 的老年人中，平均每月住房费用在 2001 年仅为 339 美元。这其中还包括了财产税、公用事业费、维护费、社团费用（对参加了社团的人而言），以及按揭贷款（对那些按揭贷款没有还清的人而言）。85% 的老年人家里安装了空调。这个年龄层的人不仅住房成本较低，而且退休的人也不用上下班，省去了日常交通和其他费用。

老年人的医疗费用往往比较高，但他们实际花费的钱取决于医疗保险（包括美国国家老年人医疗保险制度）的性质。无论他们生活的实际成本是多少，都不能仅仅通过他们的平均报酬或者平均收入来比较他们与年轻群体的经济状况。

如果说当前的收入统计数据对“穷人”的定义不清楚，那么它对“富人”的定义也是如此。无论是财富还是收入，我们都无法用特定的金钱数量界定谁是富人。更多的时候，收入排名属于某些百分比级别（例如前 10% 或 20%）的，就被界定是富人。此外，对“富人”加征税收的法律几乎都是一成不变的，都是增加对特定收入阶层的征税，而不触及累积财富的数量。但那些被政治界或媒体称为富人的人的收入通常远低于人们认为的富人的收入标准。

例如，在 2001 年，收入为 84 000 美元的家庭足以进入美国收入排名前 20%，而如果一对夫妻每人年收入 42 000 美元却不会被人们认为富有。家庭年收入要超过 150 000 美元才能排进收入最高的 5% 行列，即就业的夫妇每人的年收入需要达到 75 000 美元。对个人来说，在 2004 年，收入需要达到 87 300 美元才能进入个人收入排名前 10%。但这样的收入只能让人生活得较舒适，并不能够让他们住在比佛利山或拥有游艇和私人飞机。

不同年龄段的人处于不同的收入阶层（处于高收入阶层的通常是 45 至 54 岁的人），这非常明显地显示出高收入阶层中的人大多数都是通过在职业领域的发展才获得收入上的提升的。换句话说，他们此生都不再是穷人。尽管有关各阶级之间经济差距的争论很大，但这些经济差距反映了一个基本的事实，即大多数人从低收入的入门级工作开始干起，然后随着时间的积累，他们有了更多技能和经验，从而获得了更多的收入。他们在某个收入阶层都不会待很久，不是一直以来都是富人或是穷人。在统计分类中，同一个人可以在他生活的不同阶段被贴上不同的阶层标签。

衡量收入不平等有多种方式，但是根本的区别在于，一个是某个特定时间内的不平等(可以衡量),一个是终生的不平等。这也就是人们在讨论“富人”和“穷人”以及“富有”和“贫穷”等“阶级”时所隐含的意思。鉴于个人可以实现从一个收入水平到另一个收入水平的变动，所以终生的不平等小于任何特定时期的不平等，这一点并不让人意外。此外，医疗实习生很清楚他们以后会成为医生，因为处在某个入门级别岗位上的人不会觉得自己永远都是入门级的水平。然而，对某个特定时间内的收入不平等进行衡量，只是为媒体、政治界和学术界讨论收入“差距”或“不公平”贡献了主要素材。而且，对一段时间内整个人口的不平等程度的连续测量，仍然忽视了个体会随着时间的推移而进入较高收入阶层的情况。

媒体、政治界和知识分子经常提到，20% 的最低收入家庭“远远落后于”高收入群体，并不是说任何特定的个人在落后，因为收入排名位于倒数 20% 的大部分人逐渐进入了更高的收入阶层。此外，即使某种抽象的统计类别中的数据小于其他统计类别的数据，也不一定代表实际人均收入在下降。收入最低的 20% 的家庭在整个国民收入中的占比从 1985 年的 4% 下降到 2001 年的 3.5%，但这并不妨碍这些家庭的实际收入在增加——完全没有考虑在 1985 年到 2001 年期间摆脱了低收入阶层的人员。

即使有关富人的讨论实际上是指拥有大量财富积累的人（而非当前收入水平高的人），这些讨论中很多说法也都是错误的。在美国，至少大多数有钱人并非因为继承财产而变得富有的。《福布斯》杂志 1982 年首次出版的福布斯年度榜单中，在最富有的 400 人中，靠继承财产而进榜的占 21%。也就是说，这些富人中有近 80% 的人是靠自己赚钱的。到了 2006 年，这 400 人中靠继承财产而进榜的比例不到 2%。尽管有句老话说，“富人越来越富，穷人越来越穷”，但 2008 年全球亿万富豪的人数从 1000 人以上下降到 800 人以下，美国百万富豪的人数也从 920 万人下降到 670 万人。

## “正在消失”的中产阶级

一条基于收入统计数据反复发出的警告声称：美国中产阶级的人数越来越少，很可能只剩下一小部分富人和大量的穷人。中产阶级身上究竟发生了什么？

通过某种固定的收入间隔来定义中产阶级（例如，把收入在 40 000 美元到 60 000 美元之间的人界定为中产阶级），然后计算这些年来处于这个间隔内的人员数量，这样就产生了一种最简单的统计错觉。如果选定的收入间隔处于收入统计分布的中间，那么只要该收入分布的中点不变，它就有可能是一个有效的定义。但是，正如已经指出的那样，尽管统计数据竭尽全力地想让收入看起来似乎是停滞不前的，但多年来美国人的收入确实一直在增加。随着这些年来收入的统计分布向右移动（见图 5–1），那些原来处在分布的中心范围内的人数在下降。换言之，当一个国家的整体收入水平在提升时，用一个固定的区间定义“中产阶级”，中产阶级的人数就会减少。

如图 5–1 和图 5–2 所示，收入普遍上升。这在媒体和政治界掀起了巨大的、不断重复的风浪，抨击中产阶级的萎缩，在图 5–1 中收入 a 线和 b 线之间的人数在下降。

图 5–1 表示收入的初次分配，a 线和 b 线之间的收入则被定义为“中产阶级”的收入。

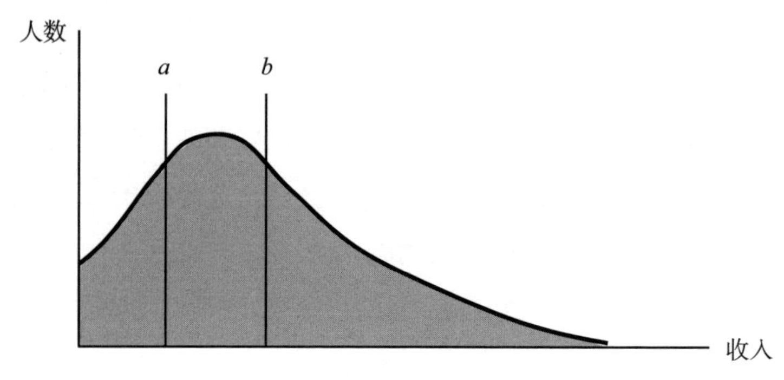


**图 5–1　收入的初次分配**

图 5–2 则表示收入中位数在增加。

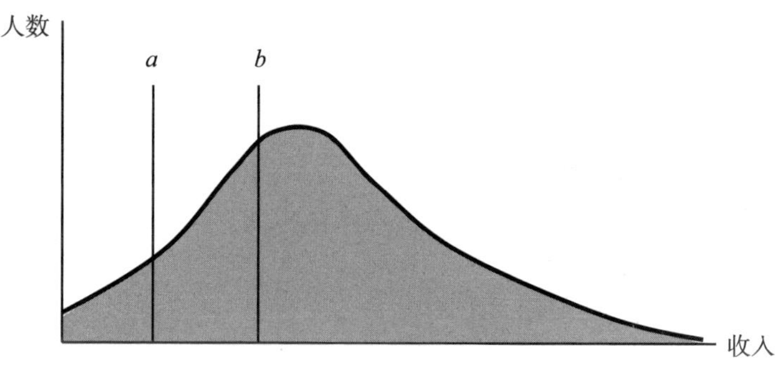


**图 5–2　收入的中位数趋势图**

事实上，当收入统计中位数增加时，收入处于 a 和 b 之间的人，即之前被定义为中产阶级的人的数量虽然减少了，但并没有消失。尽管这种谬误很简单，但固定收入阶层之间人数的减少被很多人描绘得非常可怕，那些人本应该是非常了解这个事实的（也许他们其实很了解这个事实）。例如，经济学家保罗 · 克鲁格曼（Paul Krugman）曾说过：

> 几乎不管以什么标准衡量，如今的中产阶级人数已经比 1973 年少了很多……现在人们普遍认为美国梦已经步入歧途，下一代的生活会越来越糟。

看上去收入的统计分布往左移动了，然而实际上所有的证据都表明它其实是往右移动的。并不是只有克鲁格曼教授一个人在说中产阶级在减少，多年来，同样的主题和论断反复出现在《纽约时报》《华盛顿邮报》和《大西洋》（*The Atlantic*）杂志中。

还有一个因素让收入对比变得复杂，即在某个时间段内——尤其是在长达一个世纪的时间段里，通货膨胀能使人们进入更高的收入阶层，但他们的实际购买力和生活水平并未真正得到提高。为了避免这个问题，可以比较实际收入，即考虑通货膨胀因素后的货币收入。使用实际收入的数据进行比较，收入的分布毫无疑问是向右移动的。也就是说，实际的收入（而不仅仅是货币收入）增加了。例如，截至 2007 年，差不多有一半（50.3%）美国家庭的收入达到 50 000 美元或以上。回到 1967 年，按照购买力计算，仅有三分之一（33.7%）的家庭拥有同样的收入。此外，在 1967 年，这三分之一家庭中的大部分家庭（占所有家庭的 20.6%）的收入所拥有的实际购买力相当于 2007 年 50 000 美元到 74 999 美元的实际购买力。然而到了 2007 年，更多的人集中在这个范围的顶部，而不是底部。

2007 年，收入在 10 万美元及以上的人数比收入在 50 000 至 74 999 美元这个区间的人数要多得多。事实上，无论是高收入家庭还是低收入家庭，整个收入分布都在向右移动。就购买力而言，1967 年 18.3% 的家庭的收入还不到 2007 年的 15 000 美元。但是，2007 年收入如此之低的家庭所占比例已经下降到了 13.2%。所以说，富人越来越富，穷人越来越穷的说法是完全错误的。在收入上涨的浪潮中，穷人和富人的收入都上涨了。

## 高管的薪酬

总体而言，企业高管尤其是首席执行官的高额薪酬吸引了很多公众、媒体和政治方面的密切关注，比专业运动员、电影明星、媒体名人和其他高收入人群受到的关注多得多，尽管这些人的收入跟企业高管的差不多，或者更多。人们如此看重高管的薪酬，以至于 2006 年，企业首席执行官因 830 万美元的平均薪酬被列入标准普尔指数。虽然这个数字比大多数人的收入多出许多倍，但比起女子高尔夫球明星米歇尔·魏（Michelle Wie）（1200 万美元）、网球明星玛丽亚·莎拉波娃（Maria Sharapova）（2600 万美元）、棒球明星亚历克斯·罗德里格斯（Alex Rodriguez）（3400 万美元）、篮球明星科比·布莱恩特（Kobe Bryant）（3900 万美元）和高尔夫明星泰格·伍兹（Tiger Woods）（1.15 亿美元）等人的收入，企业高管的收入还是不值一提的。即使是薪酬最高的企业首席执行官（每年的收入是

7170 万美元），都不到奥普拉·温弗瑞（Oprah Winfrey）[①] 收入的三分之一。

然而，我们很少甚至几乎从未听到对体育、电影或媒体明星的高收入的批评，谴责他们贪婪的声音就更少了。但“贪婪”这个词却往往被用来形容那些薪资很高的企业高管，这其实是没有道理的。如果你的收入取决于别人愿意给你支付的金额，那你可能是世界上最贪婪的人，而这却根本不会让你加薪。任何对公司高管高薪酬的解释都必须基于他们能够获得这些待遇的原因，而不是因为他们希望自己的工资高。每个人都可以去渴望得到一切，但并不是所有人的欲望都能被满足。为何许多公司花费这么大力气去聘请高级管理人才？供给和需求可能就是最简单直接的答案，而更完整的答案则是：公司管理者有高度专业的知识和丰富的经验，他们能够决定要聘请哪些人，给他们开多少薪水。公司的决策往往意味着要让几十亿美元的资金经受风险，若雇一个人就能将风险减少 10% 并且可能为公司节省一亿美元，那提供 830 万美元的年薪还是很划算的。

有人认为，公司董事会对股东的钱太过大手大脚了，给公司首席执行官提供高薪就是一个过于慷慨的表现。为了证实这种说法是笼统的，我们需要一些具体的例子。我们可以比较两类公司的高管薪资，一类是拥有大量股东的公司，他们大部分人并不十分了解（更少参与评估）公司内部的决策；相对地，另一些公司的所有权和控制权在一些大型金融机构手上，这些机构既有专业知识又有经验，公司花的是自己的钱。

后一类公司的首席执行官的薪资比前一类公司的所有首席执行官的薪资都要高。这些大型金融机构做决策时不需要考虑公众的舆论，它们有着比公众、媒体或政治界更多的具体知识和专业经验，它们依据这些做出决策。当它们选择某个人为它们经营打理时，涉及的是机构投资者自己数十亿的钱，因此它们既不会

① 美国演员、制片人、主持人。美国第一位黑人亿万富翁。——译者注

支付过多的薪水，也不会在小钱上面精明而在大钱上糊涂。虽然各种积极分子已经主张股东应该在确定上市公司首席执行官的薪酬方面有更多的发言权，但投资于这些公司的共同基金却对此极力反对。同投资私人企业的金融机构一样，比起高管们的薪资，这些金融机构更加关心这些高管能否经营好它们的投资并使它们盈利。

尽管许多外界人士对企业高管们的高额薪酬表示不解和难以接受，但 A 为 B 提供的服务支付多少数额的报酬不需要得到外界人士的理解。这些服务并不是提供给这些第三方观察者的，他们这些人大多数既没有专门的知识也没有具体的经验来评估这些服务的价值。而且，这些人更没有理由来反对企业管理者对这些服务价值的认定。华盛顿邮报出版公司的董事长曾经这样评估董事会成员巴菲特的建议:“巴菲特先生向管理层提出的建议绝对价值数十亿美元。”

巴菲特先生是否从华盛顿邮报出版公司获得了数十亿美元的报酬无从得知，但是只要是数百万就足够引起旁观者的怀疑和愤慨了。人们对企业薪酬产生愤怒情绪的原因并不明显，如果这些愤怒的原因是认为企业为员工对公司的贡献支付了过高的报酬，那么那些无所事事、只因继承就能获得数亿美元的人应该更加令人愤怒了。然而，他们却很少对继承财产的人有着对企业首席执行官那样的愤怒，更没有谴责。例如，洛克菲勒家族财富的三位继承人都分别被选为受人欢迎的州长。

引起批评者对企业高管薪酬愤怒的原因通常有以下两点:（1）认为他们的高薪酬是以牺牲消费者、股东和 / 或员工的利益为代价的;（2）支付给业绩不佳的高管数百万美元的遣散费太多了。但是，就像被任何公司雇用的任何人一样，不论身居何种职务，或高或低，企业首席执行官之所以被聘用，是因为公司雇主认为他们为公司产生的收益会超过公司愿意支付给他们的薪酬。举例来说，年薪 830 万美元的首席执行官每年为公司节省一亿美元，公司股东们不仅没有遭受任何损失，甚至还多赚了 9000 万美元，而且消费者和员工都没有任何损失。像大多数经济交易一样，聘用企业首席执行官不是零和交易，而是为了互利共赢。

如果有人认为，为乔治·C. 斯科特（George C. Scott）在电影《巴顿将军》（*Patton*）中扮演主角支付的片酬，给股东、电影观众以及其他技术含量不高的、低收入的电影制作员工造成了损失，那么很明显可以看出为何零和观点是错误的。只有当我们确信，即使没有乔治·斯科特，《巴顿将军》仍然能有这么好的票房，那为他支付片酬才能算是给股东、观众以及制作人员造成了损失。很多人认为首席高管的薪资是普通员工的好几倍，具体多少倍没有确定的数目，不同人口中的倍数也不同，但是却没有人想弄清楚乔治·斯科特的片酬究竟比其他诸如灯光师等普通工作人员的工资多多少。

对于很多人来说，企业高管的薪酬中最令人费解和恼火的是支付给那些因业绩不佳而遭到解雇的高管们的高额遣散费（所谓的“黄金降落伞”）。例如，据《华尔街日报》报道，2007 年，美林证券（Merrill Lynch）公司首席执行官收到了超过 1.6 亿美元的“退休金”。《华尔街日报》称之为“对失败的高额回报”。因为在他的领导下，美林证券公司在抵押贷款相关的交易中损失了 79 亿美元。

人非圣贤，孰能无过。因此无论是雇用初级员工、技术不过关的员工还是企业首席执行官，都面临着同样的问题：当首席执行官明显经营失败且需要为此负责时，该做何选择？当某人做的决策会导致数百万甚至数十亿美元的损失时，速度可能是最重要的考虑因素。在既不会引起公司内部矛盾又不会有诉讼之忧的前提下，尽快让这位首席执行官离职，可能是一个价值数百万美元的决定。相比 79 亿美元的损失，美林公司为离职的首席执行官开出 1.6 亿美元的退休费是很明智的决定。

这种情况并不罕见，一家更有钱的公司解雇高管时涉及的金额可能更高，这都是不可避免的。如果大学里年纪大的教授跟不上他们领域的最新发展，学校也可能会为他们提供一个非常丰厚的提前退休计划，以便让那些掌握了最新研究进展的人员取代他们的工作。同样地，很多已婚人士为了离婚支付了高额的离婚费，跟公司支付的遣散费相比，也许他们支付的金额占收入的比重更大。

这种付出只是为了结束一段不良关系。在这种（或者是其他一些）情况下，一段关系的结束和开始一样有价值，甚至是更有价值。跟最初的雇用决定一样，股东、消费者和其他员工都没有因为支付给高管大额遣散费而遭受损失。如果让表现失败的执行官继续留在公司，对公司造成的损失可能更大。当决定解雇某个高管时也不必后悔当初做出聘请他们的决定。时代在变,人也在变。因此许多年后，当初看来非常合适的首席执行官可能已不太适合如今的情况了。

从 1905 年到 1931 年期间, 西维尔·艾弗里（Sewell Avery）担任美国石膏公司（U.S. Gypsum）的负责人，1931 年后成为蒙哥马利沃德零售连锁店（Montgomery Ward）的负责人，他曾被认为是美国首屈一指的商业领袖之一。然而，在他的晚年，零售业的状况变得非常不同，有人抱怨他的领导能力，甚至公司内部都极力想摆脱他。当他最终离开时，蒙哥马利沃德公司的股价立即上涨。对于股东、消费者和员工来说，为了让他早点离开公司而给他支付足够的遣散费可能是一件划算的事情，因为一家经营不善的公司会伤害所有人的利益。

旁观者可能会觉得有些人因经营失败而获得丰厚的回报很令人愤怒，但是旁观者既没有付什么钱，也不明白一个人的离职有多大的价值。当一个人付出高昂的代价与无法在一起生活的配偶离婚，那么这种失败也是有价值的。但是有旁观者会说离婚是错误的决定，人们有权在道德上进行谴责，但能呼吁政府禁止人们离婚吗?

## 社会流动性

我们已经了解了一种形式的经济和社会的流动性，即人们在自己的工作生涯中脱离最低收入阶层的流动。密歇根大学的一项重要研究在数十年的时间里追踪了数以万计的同一群人。这其中一直在工作的人，只有 5% 的人的收入从 1975 年到 1991 年一直处于最低的 20% 阶层，而 29% 的人从 1975 年的低收入阶层上升到 1991 年的高收入阶层。这些年来，在 1975 年的最低收入人群中，超过一半的人已经处于最高收入阶层。但是，我们也看到，并非每个人都在工作，尤其是那些处于最低收入阶层的人。那些工作的人的崛起说明社会存在着什么样的机会，至于有多少人会抓住并利用这些机会又是另外一个问题了。

还有许多人都曾写到过的另一种形式的社会经济的流动，即出生在低收入家庭的人最终在职业和收入方面都优于他们的父母。这里有很多事情容易相互混淆，包括可利用的机会有多少，以及真正被利用的机会有多少。大量关于社会流动性的讨论是基于“人生际遇”这一概念进行的，即出生在特定社会经济环境的人，长大后将会达到某些特定的经济或者职业层次的可能性。有时人们也容易把原因和责备相混淆，当他们试图指出那些抑制了他们发展的、某个特定的社会群体中存在的因素时，他们是在“责备受害者”——“社会”的受害者。

然而，许多因素是无法苛责的，可能既不是个人的原因也不是社会的原因，而是环境所致。例如，即使贝多芬能在失去听力后仍然坚持创作音乐，但一出生就失聪的人却不太可能成为音乐家。一些机会在特定的社会环境中是可用的，但超出个人控制范围的身体上的或精神上的障碍会降低利用这些机会的可能性。文化价值观可以通过社会沿袭而不能靠生物遗传，这也会降低在收入或职业上进步的统计概率，没有个体能选择出生在哪一种文化中。即便是一些复杂的统计分析，在分析不同群体的人实现收入或职业层级跃升的可能性时，也往往会将较低的可能性归因于人为设置的壁垒。

如果一个家庭认为武力比智力更重要，而另一个家庭的价值观恰恰相反，那么生活在这两个家庭的孩子也会有截然不同的人生目标。有些人把这种情况看作“壁垒”和“特权”的例子，例如，《纽约时报》的一篇文章称：“要从一个经济阶层向另一个经济阶层变动，更加困难了。”而其原因在于一种新的特权：

> 奖赏已经取代了旧的特权继承系统。在旧的体系中，父母天生就会将庄园传给他们的子女。事实证明，奖赏制度的部分基础是阶级。富裕、受教育程度高、人脉较广的父母在培养子女时会注意培养他们精英阶层推崇的习惯。当他们的孩子取得成功时，他们的成功也会被视为通过努力赢得的。

同样地，拉塞尔·塞奇基金会（Russell Sage Foundation）的负责人说“旧的遗传性壁垒和排外壁垒系统基本上都消失了”，但取而代之的是今天的“传递性优势的新形式”壁垒。

如果不区分影响个体进步的外部壁垒和个体取向的内部差异，则会使对可利用机会的确定或衡量变得无效或混乱。例如，一项研究表明，那些出身于收入排名倒数 25% 的家庭中的人，只有 32% 的男性成员在 30 岁出头的时候进入了收入较高的那一半。我们从这一数据无法得知，造成这种情况的到底是外部壁垒还是内部差异。此外，这些统计数据武断地略去了男性在 30 岁之后出现的向社会上层流动的情况、女性向社会上层流动的情况，以及其他收入提升了，但尚未进入前 50% 的流动。其目的可想而知。

从某种意义上来说，指责社会是解释收入阶层、种族群体以及社会其他阶层间流动性差的默认做法。这种做法本身就会将注意力从内部因素上移开，而内部因素恰恰是很多人不能抓住机会的原因。这些研究担心降低对影响人类进步的内部壁垒的认知，会减少改变内部壁垒的可能性，从而减少低收入人群进步的机会。

## 经济学的正确思考

一些关于收入和财富的简单直接的事实被一些模糊和不一致的谬误所掩盖，其中充斥着误导性的统计数据。毕竟，没有经验的年轻人在开始职业生涯时，他们得到的报酬不可能跟年纪较大、经验丰富、技术熟练且记录良好的那些人一样多，这本是十分平常的事情。那些劳动人口较少的家庭的收入也不可能像家庭成员常年做着全职工作的家庭的收入那么多，这点也不难理解。如果一个人的决策关系到企业几十亿的盈亏，那这个人的薪酬高达百万也不是什么让人吃惊的事。

从统计类别直接到经济现实的仓促转换是造成这些谬误的原因。在收入排名最低的那 20% 的人可获得的经济来源中，三分之二的来源是政府给予的现金或实物补助。如果统计数据中不考虑这些经济来源，则会跟现实情况产生较大的误差。同样地，若老年人可获得经济来源的 75% 也没有被纳入统计数据，统计的结果跟现实情况也会有较大的差异。这些差异并不是随机产生的。这些在出版物中被广泛讨论的统计数据夸大了贫困的程度，低估了人们的生活水平。当收入统计数字既没有考虑高收入人群缴纳的税收，也没有考虑低收入群体获得的补助时，它们就夸大了特定时期的不平等状况。如果它们追踪研究个体的时间不够长，就会夸大终生不平等的程度。因此一些人只是暂时处于某个收入阶层，但旁观者却认为他们一直属于那个“阶级”。

说一些人达到某种收入水平或职业高度的可能性较小，常常被自动等同于说是社会在他们的前进道路上设置了壁垒。这就等于事先排除了一些可能的、内部的、他们在经济方面技不如人的可能性。而且，这并不只是一个抽象的判断。如果实际造成他们的人生落后于人的原因是内部因素，这么做就会将其注意力从真正的原因上移开，从而无法解决这些问题，使他们上升的可能性降低。简言之，这些统计数据只是为那些落后的人打造了一个更好的社会形象，却没有为他们提供更好的生活前景。

一些人声称，他们无法理解或解释收入的巨大差异（“差距”“不公平”）不过是第三方评判是最好的评判的另一种说法而已。似乎人们的收入（如住房条件等），应该根据它们展现给外界的样子来评价，而不是根据它们反映的直接相关者的选择和相互迁就来判断。这些第三方通常受过更好的教育，比普通人有着更多的知识。然而他们的推断没有意识到其他人的知识总和比他们多得多，也有更多的相关专业知识来进行决策。第三方对人们在价值、偏好、优先顺序、潜能、环境和限制上的了解，也不可能超过这些人对自己的了解。

有时候这些推定只符合道德要求，却不够科学理智。那些负责决定哪些人值得多少收入的第三方经常混淆了优势和生产力，更不会思考他们是否有能力来做这些判断。在任何人类社会中，想要人们取得相同层次的生产力是不可能的。有些人出生在占尽优势的家庭，富有、受教育程度高、社会地位都不一样，这些人不用努力奋斗（这体现的是个人价值）就能取得较高层次的生产力。经济并不是道德研讨会，并不会给那些应得的人颁发勋章。经济是一种机制，它能制造数百万人赖以生活的物质财富。

薪水不是对优势的评判和奖励，而是对贡献生产力的预期激励。鉴于产出的物品种类繁多，以及生产过程的复杂性，任何特定的个人都不可能有能力评估不同的人在不同的行业或经济部门所做的贡献的相对价值，也没有人敢说自己能够做到。相反，他们对自己间接或直接看到的收入和财富差异表现出疑惑和愤怒，不相信人们应得的收入会有如此巨大的差异。这种表现有着很长的渊源。萧伯纳（George Bernard Shaw）曾说过：

> 同样是工作一个小时，有的女人得到 1 先令[①]，有的得到 3000 先令，这种差异不是道德上的问题，而仅仅是存在和不存在的问题。一个长相可爱、漂

① 先令是英国的旧辅币单位、奥地利的旧货币单位和肯尼亚、索马里、乌干达、坦桑尼亚的货币单位。当时英国的 1 先令大约等于现在的 66 元人民币。——译者注

亮的小孩，又有着极高的表演天赋，靠演电影赚的钱是她辛辛苦苦做着普通工作的母亲的一百多倍。

让我们来了解一下当今大部分关于“收入分配”的评判的要素。首先，先假设财富是集体的，需要进行分配；其次，假设这个分配一般不涉及任何原则，只是“刚好这样”；最后，最终的隐含假设是，收入获得者所付出的努力是其衡量所产生的价值并获得相应报酬的有效标准。实际上，大部分收入不是通过分配来的，所以“收入分配”这个时髦的隐喻是具有误导性的。大部分收入是通过生产商品和提供服务获得的，而产品和服务的“真正”价值的多少不需要由第三方来决定，因为产品和服务的直接受益人最清楚这些产品和服务价值几何，并且有最大的动力以尽可能廉价的方式获得产品和服务。

总之，对整个社会进行整体决策是没有必要的，也是不可能的。这并不是一个对努力或优势进行回报的问题，而是让产品受益者而非毫不相干的第三方和旁观者来确定产品价值，从而保证产品和服务的产出。如果一个童星出演的电影能够给成千上万的观看者带来乐趣，从她妈妈辛苦的工作中受益的人反而较少，而且人们更看重电影带来的乐趣，那萧伯纳或者其他任何人又凭什么否定人们花钱的方式呢?

虽然一个人的收入可能比另一个人高出一百倍甚至上千倍，但是我们并不能因此认定这个人比其他人聪明上百倍甚至上千倍，或者这个人比其他人工作更加卖命。投入并不是衡量价值的手段，产生的结果才是。

2008 年，由于膝盖做了手术，泰格·伍兹缺席了几个月的美国各类高尔夫锦标赛，观看电视的人数也因此下降了，世界高尔夫锦标赛的收看率下降了 36%，而 PGA 锦标赛的收看率下降了 55%。

在一家市值数十亿美元的公司中，与其他人相比，某个人的商业决策可能轻易地造成数百万甚至数十亿美元的盈亏。有些人眼看有人拿着 1000 万或者 2000 万美元的薪水就认为高薪损害了消费者或者股东的利益，这些人暗地里其实已经相信了零和博弈的经济观点。不管被聘用的人是企业高管还是一名生产线上的普通职工，只要他们提供的服务的价值超过了他们获得的报酬，那消费者和股东就都是获利的，并没有遭受损失。

由于飞行员提供了很好的服务，所以航空公司和乘客都因此受益，会有人说飞行员的薪酬是以乘客或航空公司股东的钱为代价换来的吗？既然喷气式商用客机的飞行员和喷洒杀虫剂的飞行员的技术差不多（而后者工资较低），那为何不让后者来驾驶载有数百名乘客的商用客机呢？这样不是使股东和乘客获利更多吗？然而这就是这些人讨论企业首席执行官的薪酬时的推理方式，或者他们根本不推理，而且几乎不会提及其他领域有着同样或者更高收入的人（如职业运动员和艺人）。也许最荒谬的是，相比那些既有经验又有专业知识的人所做的决定，第三方既没有经验也没有专业知识做出更好的决策，他们不过是根据自己的情绪反应来做决定罢了。

尽管“收入分配”这个词很流行，但大部分收入都是赚取的，而不是分配的。即使百万富翁也很少仅通过继承财富而变得富有。实际上，美国社会的收入中只有一小部分是分配的，例如以社会保障或福利补助的形式分配给接受者。大部分“分配”收入只存在于抽象的统计学上（如前面对中产阶级收入的讨论一样），用图表上的曲线来表示不同人的不同收入。但对收入变化，有许多声音都在倡导“社会”应该总体上决定向不同的人分发多少钱。再往前一步就是，因为“社会”按照既定结果分配收入（许多人既不了解也不喜欢），因此需要对收入的分配模式进行简单的改变，让更多的人能够接受。

实际上，不存在简单或者无害的变化。相反地，这意味着经济体制的改变。在最初的经济体制中，薪酬由供求关系决定，或者由产品和服务的受益人自行评估，大多数薪资由产品和服务的受益者按照这个标准支付；而这个变化则意味着变成另一个经济体制，即收入实际上是由“社会”分配的，由代理人、第三方决策者代表决定哪些人应该得到多少收入。这个改变非常重要，那些认为通过改变能产生更好的经济和社会结果的人，可以为之提供各种理由，但必须明确的是，仅靠纸上谈兵是很难迈进新世界的大门的。

# 种族事实与谬误

> 几乎所有当前与种族和肤色相关的表达都可以被描述为“不小心说出口的话”——目的是要避免冒犯他人或要提前避免被别人指责自己带有偏见，而且这种尝试通常不成功。
>
> 保罗·约翰（Paul Johnson）

几乎没有哪个主题能像种族这样产生这么多的谬误了。当今世界，种族不断融合，水平远超以往任何时候，以至于一些要求区分种族的噪音越来越大。在这种情况下，或许有人会说，种族本身就是一种谬误。

美国原住民——美洲印第安人曾被称为“正在消失的美国人”，因为他们在美国日益增长的人口中所占的比例越来越小。但近年来他们的官方数字增长速度远远超过了任何生物学实例，因为越来越多拥有一小部分美洲印第安人血统的人选择将自己确定为该群体的成员。在世界另一头的新西兰也在发生着同样的故事。那里有大量的毛利人，但其实他们当中许多人的白人血统至少和他们的毛利血统一样多。在美国黑人之中，纯正的非洲血统的人数相对较少，并且总有一些像美国全国有色人种协进会（National Association for the Advancement of Colored

People）的前负责人沃尔特·怀特（Walter White）这样的人，尽管他们有白种人的面部特征和蓝色眼眸，但是几乎是一种惯例，他们被认为是黑人。

异族通婚率的上升降低了种族差异的生物学意义，即便是在其政治意义增加的情况下。1963 年，黑人的异族通婚率仅为 1%，但在 1993 年上升到了 12%。1990 年的人口普查显示，仅有略多于 25% 的日裔美国人的婚姻是异族通婚，而印度裔美国人的这一比例是 60%。1985 年—1990 年，在犹太裔美国人中，异族通婚率上升到了 57%。然而，这些年也是种族或族裔“身份”区分趋势空前强烈的年份。

种族可以被视为具有生物学因素的社会现实。然而，这种社会现实带来的影响非常严重，并且现在依然如此。种族谬误带来的影响也是如此。在这些谬误中，有的说种族是奴隶制的基础；还有的说，种族主义是白人和黑人在收入上有所差异，以及生活上有赖于收入的方面有所差异的主要原因。此外，通常还有一种隐含的假设，即种族主义和歧视紧密联系在一起，它们的兴衰都是同步的；然而我们看到的事实是，即使是在种族主义严重的地方或时期，歧视的情况也不会公开，而且歧视也会在没有种族主义的情况下存在。一些关于种族的讨论所隐含的实际问题是，是种族在先天智力方面是否有所不同。在这个问题上，对立的双方都产生了谬误。

## 群体差异

通常，将美国黑人等特定群体与全美平均水平进行比较，并认为那些差异显示了被比较群体的特殊性或者是针对该群体的政策或态度的特殊性，是人们惯常的做法。但是，如果全美平均数本身就是许多存在广泛差异的种族、地区和其他群体的混合体，那么任何一种结论都可能会误导我们。虽然美国的黑人和白人人口在收入、受教育年限、预期寿命、失业率、犯罪率，以及各种测试得分等各种经济和社会变量方面长期存在差异，但世界各国其他群体之间以及和全美平均水平之间的差异也很大。

群体间最容易被忽视但却很重要的差异是他们的年龄。美国黑人的年龄中位数比美国总人口的年龄中位数（35 岁）要年轻 5 岁，但黑人绝不是唯一一个年龄中位数与全美平均年龄不相同或与其他群体年龄不相同的群体。在亚裔美国人中，年龄中位数从日本裔美国人的 43 岁到柬埔寨裔美国人的 24 岁，再到具有赫蒙族血统的美国人的 16 岁。收入与年龄高度相关，刚刚工作的年轻人挣的钱通常比年纪较大且经验丰富的工作人员挣的钱少得多。因此，当群体的年龄中位数可能相差 10 年甚至 25 年时，在种族或民族群体之间进行收入的总体对比可能会具有误导性。年龄差异也不是亚裔美国人之间唯一的区别。虽然 61% 的日本裔美国人出生在美国，但在华裔、菲律宾裔、越南裔、韩国裔或具有亚洲印度人血统的亚裔美国人中，只有不到三分之一的人在美国出生。本土出生的公民显然更熟悉这个社会，而且能更好地利用这些机会。

美国少数民族之间的教育差异也同样巨大，其程度就如少数群体和大类群体之间的教育差异一样大。在 16 至 21 岁的高中毕业生中，只有不到一半的黑人或西班牙裔人被大学录取，而接近 80% 的亚裔美国人都上了大学。虽然，作为人口构成的一部分，西班牙裔的人数已经超过了黑人，但黑人获得的博士学位仍然比西班牙裔多。虽然亚裔美国人与黑人或西班牙裔相比人口极少，但亚裔美国人比西班牙裔美国人获得的博士学位更多，几乎和黑人一样多。总之，群体之间分布平均的情况并不常见，无论是在年龄、教育还是其他特征上。

美国种族或民族群体之间的经济或社会差异的性质或巨大程度也并非个例。例如，马来西亚华人与马来人之间的收入差距长期以来高于美国黑人与白人之间的收入差异。尼日利亚不同部落之间或亚洲人与非洲人之间的经济差异也是如此。

世界各地的不同群体从人均饮酒到智商都有所不同。实际上，差异才是常态，相同的经济或社会产物很少，甚至根本不存在。这就是为什么挑选任何一个特定群体，将其与全国平均水平做比较，都可能会误导大众——如果对比结论是该群体的境遇是特殊的，而并非世界范围内各群体之间广泛变化模式的一部分的话。这并不是说群体间差异无关紧要，其中一些差异其实是很重要的。

这些差异背后的原因是什么？也许一个更基本的问题可能是：从一开始，我们有什么理由期望这些群体是一样的呢？世界各国各个群体的地理、人口、历史和文化都有所不同。我们已经看到不同组群的年龄中值差距可以如此之大（即使是在同一个国家范围内），也看到单是在美国本土出生的亚裔美国人之间的差异就已经很大。在其他国家以及在不同国家之间更是如此。德国和意大利的年龄中值是 40 岁，而在也门和阿富汗年龄中值则是 20 岁以下。

换句话说，产生谬误的机会很多。这些谬误的产生很多是由于人们深信各个群体在技能、经验或态度上具有可比性，因此他们之间的统计差异只能通过他们周围的社会对待他们的不同方式来解释。在绝大部分历史中，许多（可能是大多数）社会都存在着群体歧视。但是歧视并不是造成群体间差异的唯一因素，困难在于要评估所有有关因素的影响。此外，不同因素的相对权重随着时间的推移也会发生改变，因此还需要历史的因素。

## 历史因素

也许有关种族和少数民族历史的最大谬误是：时间的流逝会减少他们所面临的敌意和歧视。在许多国家，少数民族在较近的时期比更早的时期面临更大的敌意和歧视。在其他国家，情况正好相反。仅靠时间的流逝本身并不会自动产生任何结果。

## 时间的作用

早在15世纪末，被驱逐出西班牙的犹太人主要逃往中东的伊斯兰国家。在这些国家，他们获得的待遇总体上比在欧洲要好，也远远好于他们20世纪在同一个中东国家获得的待遇。犹太人后来成为奥斯曼帝国的医生，地位开始凸显，而且17世纪奥斯曼帝国的苏丹们让犹太医生们出现在医务人员行列中，甚至占主导地位，有的犹太人被用作奥斯曼帝国派往欧洲的特使的翻译，这些情况并不罕见。犹太海关官员也非常普遍，普遍到那个时代的许多奥斯曼海关收据都是用希伯来文书写的。在奥斯曼帝国经济中，犹太人在从乡村小贩到国际贸易商等各种角色中发挥着重要作用。

然而，随着奥斯曼帝国在军事、文化和科学取得的卓越成就被欧洲国家全面超越，奥斯曼帝国内部对待少数民族自信、开放、包容的态度也被内忧外患带来的焦虑所取代。它们变得排外，开始严重限制和迫害犹太人以及其他少数民族。在20世纪初，中东犹太人受到的迫害比在任何其他地方都要严重，直到德国纳粹势力的崛起。在第二次世界大战之前和期间，纳粹的普遍种族主义，特别是他们反犹太主义的教条和政策有许多来自中东的支持者。直到第二次世界大战后，现代国家——以色列建立之时，曾经是奥斯曼帝国一部分的中东国家对犹太人的仇恨已经很普遍。

在更短的时间内，斯里兰卡——印度海岸以外的那个岛国——从一个多数民族与少数民族之间关系良好、堪称群体间和谐典范的国家转变为一个内战长达数十年并夺走数万人生命的国家。在20世纪上半叶，占人口大多数的僧伽罗人（the Sinhalese）和少数民族泰米尔人（the Tamil）之间没有发生过任何骚乱。但是，在20世纪下半叶却发生了许多这样的骚乱，以无法言说的暴行为特点，并最终恶化为一场直到21世纪初期都没有完全结束的内战。

在许多国家和许多历史时期都可以找到其他这样的例子。在波希米亚，德意志人和捷克人和平共存了好几个世纪，直到第一次世界大战后，以新国家捷克斯洛伐克的诞生为高潮的捷克民族主义的兴起导致了捷克人对本国境内德裔居民的歧视，从而引起本国境内德裔居民的反击，结果被纳粹德国利用，最终酿成了1938年的慕尼黑阴谋，当时的捷克人被迫将德国势力占上风的苏台德地区拱手让给纳粹德国。德国后来占领了整个捷克斯洛伐克，在这之后，捷克斯洛伐克境内的德意志人加入了纳粹对捷克人的迫害。在第二次世界大战德国战败后，捷克斯洛伐克境内的数百万德意志人被驱逐，当时他们的境况十分凄惨，许多人死亡。

这种群际关系的倒退在美国同样存在，尽管通常不会如此极端。早期，主要来自德国的犹太人在美国受到了很好地吸收和接纳。而在19世纪末20世纪初，数百万未同化的东欧犹太人的到来招致了美国社会对全体犹太人的强烈抵制，一些地方对犹太人设立了种种以前并不存在的限制。与此同时，黑人19世纪末在北方城市的被接纳程度要比在20世纪上半叶高得多，因为20世纪上半叶正是在同化程度较低的南部黑人大规模移民并引起了类似的抵制的时期。抵制的结果是建立了新的针对所有黑人的限制。北方城市中的黑人曾经非常分散地居住在白人之间，但是在20世纪初，这些城市实行了严格的住宅隔离模式，这种模式导致了黑人贫民窟的出现。很快，贫民窟便成了一种常态。

将种族倒退描述为随着时间的推移而不可避免的结果，这和将种族进步描述为时间久了会自动发生的事情一样，都是错误的。很多种族进步，尤其是黑人的进步——都发生在20世纪下半叶的美国。由于这不是会自动发生的事情，所以了解其原因和时机是很重要的。审查证据尤为重要，因为许多个人和组织会出于对既得利益的渴望，声称他们应该因这种进步得到荣誉表彰，而这种不断地重复有时可能会被人误认为事实。

进步和倒退并不总是分处于不同的时代。在同一历史时期，可能会出现某些方面的进步，同时也会出现其他方面的倒退。对于20世纪下半叶的美国黑人来说尤其如此。

在1954年最高法院对布朗大学和教育委员会（Board of Education）之间的那场诉讼做出具有里程碑意义的判决之前，曾经构成南部联盟（the Confederacy）的南方各州的学校都要求实行种族隔离。另外，还有密苏里州、得克萨斯州、俄克拉荷马州和哥伦比亚特区都要求学校进行种族隔离，怀俄明州、亚利桑那州和新墨西哥州允许学校进行彻底的种族隔离。最高法院的判决废除了所有这些法律，并在接下来的几十年中摧毁了学校种族隔离的做法。1964年的《民权法案》（*Civil Rights Act*）规定了公私企业和机构中的种族隔离违法，并禁止就业歧视。1965年的《投票权法案》（*Voting Rights Act*）将南方剥夺黑人选举权的做法定为非法，而20世纪70年代发生了旨在优先雇用少数民族工人的“平权行动”（affirmative action）。

这些民权革命的主要法律标志常常被认为是黑人在经济和政治方面取得的进步。《投票权法案》当然对南部黑人投票的大幅度增加以及随后整个地区黑人当选官员人数的急剧增加做出了贡献。但是历史对于黑人们的经济进步却讲述了一个完全不同的故事。

收入低于贫困线的黑人家庭百分比在1940年至1960年期间下降得最为剧烈，从87%下降到了47%。这发生在1964年《民权法案》或1965年《投票权法案》颁布之前，更是在20世纪70年代“平权行动”演变为数字“目标”或“配额”之前。尽管贫困的下降趋势仍在继续，但在这些里程碑法案颁布之后，这种下降的速度并没有加快，事实上是在放缓。在20世纪60年代，贫困率从47%下降到30%，然后在1970年到1980年间仅从30%下降到29%。无论人们给予了20世纪60年代的民权法律或同一年代的“向贫困宣战”（The War on Poverty）计划多少赞誉，客观事实表明，在这些政府行动开始之前，黑人的脱贫速度更为显著。

关于黑人越来越多地进入专业型、管理型和其他高等职业，也有类似的历史趋势。白领职业、管理职业和行政职业中的黑人人数在 1940 年至 1960 年间翻了一番，专业职业则是将近翻了一番。同时，在 1960 年，担任农场工人的黑人人数仅为 1940 年的 25%。这些有利的趋势在 1960 年以后继续存在，但它们并非起源于 20 世纪 60 年代。关于群体偏好和配额——始于 20 世纪 70 年代的“平权行动”，对黑人和白人收入的相对规模几乎没有影响。1970 年，黑人家庭收入中值为白人家庭收入中值的 60.9%，并且在 20 世纪 70 年代的整个 10 年间从未超过这个数字，甚至没有达到这个数字。截至 1980 年，黑人家庭收入中值占白人家庭收入中值的 57.6%。

事实很清楚，但谬误依然存在：公民权利方面的法律、20 世纪 60 年代的“向贫困宣战”计划，以及平权运动导致了黑人得以摆脱贫困并从事中产阶级职业。

## 奴隶制

除了在其时代犯下的种种罪恶之外，奴隶制引发的谬误有的已经延续到了我们这个时代，使今天的许多问题变得混乱。杰出的历史学家丹尼尔·布尔斯廷（Daniel J. Boorstin）曾说过一些为许多学者所熟知，但许多公众却完全不知道的事情。当时他指出，随着非洲人被捆绑着运送到西半球来：“现在，奴隶的地位恰好遇上了种族差异，这在西方历史上还是第一次。”

几个世纪以前，欧洲人奴役其他欧洲人，亚洲人奴役其他亚洲人，非洲人奴役其他非洲人。只有在现代才有了财富和技术来组织海洋上的大规模人类运输——无论是作为奴隶还是作为自由移民。也不是只有欧洲人曾经将大量被奴役的人类从一个大陆运送到另一个大陆。仅北非巴巴里海岸的海盗们就在 1500 年到 1800 年间俘虏并奴役了至少 100 万的欧洲人，被他们绑到北非的欧洲人比被捆绑到美国以及后来发展成美国的美洲殖民地的非洲人数量还多。此外，在美国黑人获得自由的数十年后，欧洲人仍然在伊斯兰世界的奴隶市场上供人购买。

奴隶制在世界各国和几千年有记录的历史中几乎是一个普遍的制度。事实上，考古学证据表明，人类在学会写作之前就学会了奴役其他人类。在众多有关奴隶制的谬误中，有一种谬误（它以种族为基础）是以一种简单而普遍的做法为支撑的，即单独专注于欧洲人对非洲人的奴役，仿佛它是独特的，而不是一个更大的全球范围内的人类悲剧的一部分。种族主义起源于非洲奴隶制，美国的种族主义尤其如此，但奴隶制在种族歧视出现之前就已存在了数千年之久。在第一个非洲人被绑到西半球之前，一些欧洲人已经奴役了其他欧洲人好几个世纪。

残酷的现实是，只要有可能，弱势群体通常都会被利用，不管他们是什么种族或肤色。民族国家的崛起使得一些人拥有强大的陆军和海军，但人类无法在世界各地都建立民族国家，部分原因在于地理方面。如果大量的人口没有陆军或海军的保护，他们就会沦为奴役者的猎物，无论是在非洲、亚洲还是在无人守卫的欧洲海岸线上。巴巴里海盗通常在地中海附近进行突袭，有时其突袭范围会远至英格兰或冰岛。文献和媒体对西半球奴隶制，或者特别是对美国奴隶制集中、大量的描绘，总体上创造了一幅错误的图景，使得人们甚至连美国奴隶制的历史都难以理解。

尽管几个世纪以来，奴隶制在全世界范围内最终被作为一种无法改变的事实被接受，但它在美国从未被同样普遍地接受，毕竟美国是以自由原则为基础建立起来的，与奴隶制明显有着不可调和的矛盾。从独立宣言第一稿开始，奴隶制就受到了意识形态的攻击，一些北方州在独立后立即废除了奴隶制。即使是在南方，自由的意识形态也不是完全没有效果的，因为美国人从英国那里获得自由之后，自愿释放了成千上万的奴隶。

然而，大多数南部的奴隶主们坚决要保住他们的奴隶。为此，面对自由意识形态以及对奴隶制的广泛批判,必然要做出一些自我辩护。种族主义成了这种辩护。在诸如巴西这样的非自由社会中，这种自我辩护是不必要的，巴西进口的奴隶比美国多，但没有发展出像美国南方那样恶毒的种族主义。在西方文明之外，没有必要为奴隶制辩护，因为非西方社会认为它没有错。在 18 世纪以前，西方文明对奴隶制也没有过任何严峻的挑战。

在一个不可能有其他方式将奴隶制合理化的社会中，种族主义就成了实行奴隶制的正当理由，而且存在了几个世纪的种族主义并没有随着奴隶制的废除而突然消失。但是因果关系的方向与那些把奴役非洲人描述为种族主义之结果的人所认为的正好相反。不过，种族主义变成了奴隶制持久的遗留问题之一。在今天，它能多大程度地、以什么样的力量持续下去还有待考量和讨论。但其他许多被认为是奴隶制遗产的东西都可以凭经验进行检验，而不是作为一种定局被接受。

## 黑人家庭

一些关于黑人家庭的最基本的看法和臆断显然是不合理的。例如，人们普遍认为，黑人姓氏是拥有特定家庭的奴隶主的名字。尤其是在 20 世纪 60 年代，这种看法导致一些美国黑人拒绝接受奴隶制遗留的那些名字，并给自己取了新的名字——著名的拳击冠军卡修斯·克莱（Cassius Clay）将自己改名为穆罕默德·阿里（Muhammad Ali）。

在美国，被奴役的黑人们实际上被禁止拥有姓氏，就和在很多其他时代和其他地方地位卑微的人们也被禁止拥有姓氏一样，如中东部分地区的奴隶。而且在 1870 年之前，日本的平民还不被允许使用姓氏。在西方文明中，普通人在中世纪开始拥有姓氏。在许多地方和时代，姓氏被认为只有精英人士才有必要且配拥有。他们的活动圈子更广，无论是在地理上还是社会上。有家庭的名望跟随着他们，这一点非常重要。美国的奴隶们偷偷给予自己姓氏，以树立和保持家庭的意识，但他们并不会在白人周围使用这些姓氏。被解放后的几年，奴隶制时代出生的黑人们仍然不情愿告诉白人他们的全名。

“奴隶名”谬误的原因不仅在于白人并没有给予奴隶们姓氏，还在于黑人给自己取的名字并未照搬自己主人的名字。在奴隶制时代，选择其他名字是很常见的。否则，如果所有属于某一特定奴隶主的奴隶家庭都取了他们主人的名字，那将会破坏建立单独的家庭身份的目的。具有讽刺意味的是，当 20 世纪一些黑人开始拒绝接受他们称之为“奴隶名”的姓氏时，他们通常会使用阿拉伯名字，尽管几个世纪以来阿拉伯人奴役的非洲人比欧洲人奴役的更多。

更具实质影响的谬误是，目前在当代黑人中流行的无父家庭是一种“奴隶制的遗留物”，因为家庭在奴隶制中没有得到承认。与其他被归咎于“奴隶制的遗留”的社会问题一样，它忽视了这样一个事实，即该问题在远离奴隶制时代的黑人中比近奴隶时代的黑人中更为普遍。大多数黑人孩子本来都是在双亲家庭中长大的，甚至在奴隶制下也是如此，在此之后的几代人中也一样。获得自由的黑人结了婚，并且 20 世纪初黑人的结婚率略高于白人。从 1890 年到 1950 年，黑人在每次人口普查中的劳动参与率都比白人略高。

在 20 世纪 30 年代早期，31% 的黑人子女是未婚女性所生，而 20 世纪 90 年代初，这一比例上升到了 77%。如果未婚分娩是“奴隶制的遗留”，那么为什么在与奴隶制更近两代的黑人中，这种情况就不那么普遍了？黑人核心家庭破裂的一个迹象是，到了 1993 年，有 100 多万黑人儿童是由祖父母抚养的，约为白人中此类孩子数量的三分之二，尽管在美国人口中，白人的数量是黑人的几倍。

当所有这些令人心痛的悲剧性倒退在 20 世纪下半叶逐渐显现时，一种“奴隶制遗留”成为被广泛使用的错误解释，从而避免了直接面对当代问题中的当代因素。

这些倒退不仅本身很巨大，而且还对其他重要的个人和社会效益产生了重大影响。例如，尽管20世纪70年代大多数黑人儿童仍然在双亲家庭中长大，但到了1995年，只有三分之一的黑人儿童是在双亲家庭中长大的。此外，很多社会病态现象与父亲在黑人和白人中的缺席高度相关，这个问题在黑人中的严重程度更高，因为在黑人家庭中父亲的“失踪”率更高。而在20世纪后期，绝大多数丈夫缺失的黑人家庭都生活在贫困之中，而超过80%的完整的黑人家庭是非贫困家庭。从1994年到21世纪，在所有完整的黑人家庭中，只有不到10%是贫困家庭。

显然，大大降低了黑人或其他群体之间的贫困率和婴儿死亡率的不仅仅是结婚行为，还有导致人们结婚的价值观和行为模式。而且这种价值观和行为模式对许多其他事物产生了更广泛的影响。

## 文化

正如已经指出的那样，种族之间之所以会不同，存在种族以外的原因，因为人们不仅会继承基因，还会继承文化。只要一代人养育了下一代，这种情况就很难改变。今天美国黑人和美国白人之间的许多社会或文化差异在南北战争前的时代里都被当作南方白人和北方白人之间的差异。这其中包括谈话方式、犯罪率和暴力率、非婚生子女、教育程度、有无经济主动性。

虽然在美国内战爆发之前，白人人口中只有大约三分之一的人居住在南方，但至少有90%的美国黑人生活在南方，直到20世纪。简言之，绝大多数黑人生活在一个地区——一个文化方面不那么具有创造性，对一般居民来说也不太和平的地区。此外，对黑人来说，超越这种文化的机会极为有限。

虽然这种文化是地区性的，但当黑人和白人迁出南方时，他们都是带着南方文化烙印的。一个很小但很重要的例子是，当创建公立学校的运动在19世纪30年代和19世纪40年代横扫美国时，不仅在北方创办公立学校比在南方更成功，而且那些北方州（如俄亥俄州、印第安纳州和伊利诺伊州）中，由南方白人定居的部分是创办公立学校进度最落后的地方。

比起奴隶制的遗留，南方文化的遗留更容易被记录在后代的行为中。19 世纪的一些杰出作家说，它解释了内战前南方白人的行为；而后来的作家们说，它解释了黑人们的行为。实际上，南方的区域文化在过去几个世纪之前存在于英国的一些特定地区，那些注定要在美国南部定居的人们在移民到南方之前就展现出了与那里的人们相同的行为模式。他们在穿越大西洋——而且连一个奴隶都还未曾见过之前，就已经被称为“穷鬼”（crackers）或“乡巴佬”（rednecks）了。正如一位著名的南方史学家所说：“不是我们生活在过去，而是过去生活在我们当中。”

教育和智力水平是容易被记录的方面，可以考察文化的持续性。在第一次世界大战后期，来自南方各州的白人士兵的心理测试得分低于来自北方各州的黑人士兵。黑人士兵们不仅有在北方就读更好的学校的优势，他们还让南方文化在他们的新环境中开始受到侵蚀。多年来，众所周知黑人在全美精神测试中的得分低于白人。有鉴于此，一些观察者得出结论，认为这是由于种族差异造成的，而其他人则认为这是由于测试中存在一些缺陷或偏见。但是它们都不能解释第一次世界大战时南方白人的心理测验分数。

无论黑人教育成就或智力成就较低的原因是什么，这些差异都会带来重大的经济和社会后果。

多年来，大多数黑人就读的南方学校教育的内容较少，教育质量较差。即使在 20 世纪末消除了量的差距，质的差距仍然很大。在各种学术科目中，17 岁的黑人的测试分数与小他们几岁的白人的分数相同。在一个越来越依赖于智力技能的经济中，我们显然无法期待他们会有相同结果。

## 犯罪和暴力

黑人犯罪和暴力的历史与许多关于犯罪和暴力起因的普遍看法是相抵触的。贫穷、失业和种族歧视经常被列入黑人进行暴动和其他犯罪的主要根源。许多人都深信这一点，他们认为没有理由去审查实际的历史记录。

美国黑人的犯罪行为就像美国白人的犯罪一样，在 20 世纪 60 年代之前一直在下降，60 年代出现了具有划时代意义的民权法案和“向贫困宣战”计划。但是在 20 世纪 60 年代，黑人和白人的犯罪率开始飙升，而且正是在具有历史意义的民权法案通过后，黑人开始在全国各地的城市发起暴动。1965 年《投票权法案》通过后仅几天，未来四年中将在全美各地城市发生的数百起骚乱中的第一起，在洛杉矶人称为“瓦茨”（Watts）的黑人社区开始了。这些骚乱并没有从黑人最贫穷或最受压迫的地方（也就是南方）开始。事实上，这些冲击了许多北方城市并摧毁了许多黑人社区周边社区的暴动，在南方却很少发生。在瓦茨骚乱中有 34 人死亡，但两年后黑人在底特律发生暴动时有 43 人丧生。

在 20 世纪 60 年代后期，几乎每个北方城市都遭受过暴动，而底特律遭受的最为严重。但底特律的黑人人口贫困率仅为全美黑人人口贫困率的一半，该城市的黑人住房拥有率在全美最高，黑人失业率也只有 3.4%，比全美白人失业率还低。底特律并非因为它是一个经济灾区才发生大规模暴动。它是在暴动之后才成为一个经济灾区的，全美其他许多城市的黑人社区也是如此。此外，这些城市中骚乱频发的街区在此后几十年仍然是灾区，因为企业不愿意在那里落脚，因此减少了就业机会和购物场所，而且黑人中产阶级和白人中产阶级都离开了那些地方，搬去了郊区。

无论造成这些骚乱的原因是什么（无论是作为背景因素还是突发事件），它们显然都不是那些被无休无止地重复着的谬误。最严重的贫民窟骚乱事件恰好发生在那些本应能够防止骚乱发生的因素（其中包括宣传国家福利政策和限制警方行为的官员）最普遍存在的时间和地点。相反，在官员们持相反观点的地方和时间，骚乱的破坏性最小，有时甚至不存在。

正如已经指出的那样，通常南方城市遭受的城市暴动要少得多。在北方城市中，芝加哥是受贫民区暴乱影响最小的城市之一。它在 1967 年没有遇上这种骚乱。第二年，在马丁·路德·金（Martin Luther King）遇刺后暴乱席卷全美各地之际，芝加哥市长理查德·戴利（Richard J. Daley）向他手下的警察们下达了经过广泛宣传的“尽管开枪，绝不留情”的命令，遭到许多人的谴责，但在芝加哥因暴乱而死亡的人数只是在底特律这样的城市的一小部分。这些城市采用了更人道主义、更有同情心的表达，而且警察也受到了限制。从全美范围来看，约翰逊执政期间发生的城市贫民窟骚乱最多也最严重，但在里根执政的八年里，没有发生过大规模的城市骚乱。然而，无论是在当时还是现在，这些铁的事实并未能削弱流行的观念。政治家和活动家都是种族谬误的既得利益者，这种谬误将黑人的进步归因于政治家和活动家，并将其倒退归咎于其他人。

## 经济学

如果忽视了各种人口、教育和其他差异，群体间的总收入差异很容易得出错误的结论。不幸的是，许多种族比较就像苹果和橘子的比较，因为不同的种族除了人种之外在很多方面都不相同。不同种族不仅在年龄和家庭规模上有所不同，而且在教育和各自工作的人口比例上也有差异。与男女比较一样，比较不同种族中的真正可比较的个人，往往会产生与群体总体间的对比非常不同的结果。

对人种和族群进行总体比较只是一个出发点，是为了了解在特定的时间，产生收入和职业差异的作用因素，及其随时间变化而发生的改变。

2000年美国人口普查显示，黑人的收入中值在1999年为27 264美元，而全美国的平均值为32 098美元，因此黑人个体收入占美国人总体收入的85%。然而，按家庭算，黑人家庭收入只有全国家庭平均水平的66%。这是因为普通黑人家庭的总人数比一般美国家庭少，因为黑人家庭中缺少父亲的比例较高。然而，在将黑人夫妇与其他夫妇比较时，黑人夫妇所挣的钱占全国已婚夫妇平均值的88%——50 690美元，而全国平均值为57 345美元。

2000年的人口普查显示，亚裔美国人的个人收入中值超过了全国平均水平——亚裔美国男性为40 650美元，而所有美国男性的平均收入为37 057美元。作为个人，亚裔美国人的收入水平比全国平均水平高出10%。按家庭计算，他们的收入要高出19%——59 324美元，而全国平均收入为50 046美元。其中部分原因是相比一般美国家庭，在亚裔美国人的家庭中，父亲的缺席率较低。亚裔美国人与黑人一样，他们的收入并不总是像今天这样高——相对于全国平均水平来说。对这两个群体来说，评估种族歧视的作用都需要考虑历史和经济因素。

从客观的方面考虑，我们还需要考虑其他国家的种族和少数民族群体。例如，在马来西亚，尽管华人没有歧视马来人，但占人口大多数的马来人平均收入还不到华人平均收入的一半。实际上，政府还制定了广泛的优待马来人的计划。在斯里兰卡，泰米尔少数民族的收入也高于该国的多数人口，即僧伽罗人。直到20世纪50年代，法律和政策开始严重地歧视泰米尔人，这才使僧伽罗人的收入能够在1973年超越泰米尔人。总的来说，歧视是造成群体间经济差异的各种因素之一。至于一个因素能起到多大的作用，对于不同群体、不同国家和不同时期来说，变化是很大的。

## 就业歧视

“歧视”是最常被使用但又很少被定义的词语之一。偏向、偏见和歧视常常混杂在一起，就好像它们是一回事。但偏向和偏见是态度（人们头脑中的东西），而歧视是在现实世界中发生的公然行为。在分析经济差异时，这是一个不小的区别。经济差异是现实世界中可见的事物。我们也不能简单地认为更多的偏向或偏见会自动转化为更多的歧视——或认为在没有偏向或偏见的情况下就不会存在歧视。这种错误的假设忽视了一个将自己的主观感受转化为公然行为的人所必须付出的代价。

设想在一个种族歧视完全合法的国家里有一个拥有高尔夫球场的人，并且这个球场的主人对黑人抱有偏向或偏见。有一场国际赛事预定在这个高尔夫球场举行，那么这个球场的主人不让泰格·伍兹参赛，难道无须付出任何代价吗？他要付出的代价可能会达到数百万美元，因为泰格·伍兹的缺席将减少全球的电视观众数量（广告费率和收入正是以观众数量为基础的），从而降低电视网络向高尔夫球场主支付的转播该赛事的费用。

在这样的例子中很容易看出歧视的代价，在其他情况下，任何在市场上竞争的人通常也都会因此付出代价。歧视某个特定群体的求职者的雇主们通常需要支付更多的费用，以吸引来自其他群体的替代工作人员，或者降低所需的工作资质，以便让更多的现有求职者符合条件。无论采用哪种方式都要花钱，无论是由于支付较高工资还是由于员工资质较低导致生产力较低。如果歧视型雇主与其他类似产品的生产者竞争，那么那些没有种族偏好或者更关心金钱的竞争者们可以从被拒绝的群体中雇用更多合格的工人，而无须支付拒绝这些工人的雇主所要支付的那种额外费用。在竞争激烈的市场中，这些成本差异将转化为利润率差异，甚至可能转化为生存和破产之间的差异。

歧视的代价是否从实际上改变了现实世界中的行为？有坚实的证据表明的确如此。即使是在由白人统治而且官方种族隔离政策限制或禁止黑人在特定工作或行业就业时期的南非，竞争性行业的白人雇主们雇用的黑人人数通常多于法律所允许的数量，或者让他们从事更高级的职业。南非政府仅对建筑行业进行制裁，就导致数百家公司因违反种族隔离法律而被罚款。没有理由认为这些雇主的种族偏向或偏见会比通过种族隔离法律的政客们更少。不同之处在于，通过这样的法律不会让政治家们付出任何代价，但对黑人的歧视会增加竞争型企业的成本。当房东歧视某些想要租房的群体时，或者当放贷人歧视意欲借贷的这类群体时，类似的经济原则同样适用。

这并不是说不存在任何歧视。首先，不是所有的经济交易都需要在竞争型行业或营利性企业中进行。在美国，在种族歧视变得非法且不再被社会所接受之前，大学、基金会和医院等非营利组织可以更容易地歧视并针对更多的群体，因为它们的生存并不依赖于利润，而它们的决定所带来的隐性成本是由他人提供的资助和捐赠支付的。

同样，世界各地的政府企业往往更具歧视性，因为它们的歧视成本由纳税人支付，而不是由那些歧视的人支付。在某些时期，这种歧视是针对少数群体，但在另外一些时期，出现了针对多数群体的“反向歧视”，这在政治上通常被称为对某些少数群体成员的“偏好”。大学在 20 世纪 60 年代之前很少聘请黑人教授，后来开始了对黑人教授的优先录用。与医院、基金会、政府机构和受监管的公用事业机构的雇用措施类似，所有这些机构都以这种或那种方式缓冲了竞争的经济压力。这些机构进行歧视和反向歧视的代价不会像竞争性行业中的营利性企业那样大。

正如具有种族偏向或偏见的人可能会因歧视的代价太高而放弃歧视一样，如果不同种族之间的犯罪率、疾病或其他不良特征的比例有所不同，但是另一种个体归类的替代方法又更为昂贵或更不准确，那么一个根本没有种族倾向的人仍然可能会对某些种族进行歧视。事实上，出于这个原因，有人可能会歧视自己所属群体中的成员，例如有时黑人出租车司机会避免在天黑后接送男性黑人乘客。

简言之，种族会被当作一种挑选手段用在决策上，即使使用这种手段的人并不是种族主义者。因此，雇主们可能不愿雇用年轻的黑人男性，因为这些雇主知道他们中很大一部分人曾被逮捕或监禁，即使这些雇主对黑人并没有反感，而且乐意雇用年龄较大的黑人或黑人女性。一项针对那些例行查看所有应聘者的监狱记录的雇主的研究发现，这些雇主比其他雇主更常雇用黑人男性。也就是说，这些雇主不再需要依靠种族作为挑选手段，因为他们已经有了一个更准确（而且代价更昂贵）的用于筛选一般求职者的挑选手段。区分种族主义（就其本身而言）和将种族作为挑选手段，使确定存在多少种族歧视的问题变得复杂。

同样值得注意的是，使种族成为如此广泛使用的挑选手段的一个原因是，它比其他挑选手段的成本低得多。与宗教、教育或其他需要花费更多时间、精力和金钱的挑选手段不同，种族是即刻可见，无须花费任何成本的。很多人都说过，每个人都应该被视为一个单独的个体，但事实上并没有人这样做，因为要获取有关一个个体足够多的认识，其成本往往远远超过其价值。这种成本不仅可能关乎财务费用，还可能关乎人身安全，包括死亡。当你在夜晚的巷子里看到一个朦胧的身影时，那可能是一个友善的邻居出来遛狗，也可能是一个虐待狂连环杀手在等着伏击另一个受害者。花费时间进行确认是不值的。一般来说，挑选的精细程度取决于成本和这样做的好处。有一段时间，许多广告上都会刊登“拒绝爱尔兰人应聘”的字样，直到爱尔兰移民适应了美国的社会规范，雇主们觉得逐个挑选爱尔兰裔雇员的好处大于拒绝他们应聘的好处，这样的广告才渐渐从人们的视线中消失。

对于少数种族或少数民族来说（也包括妇女），歧视问题不仅在于它是否存在，或是它有多严重，还在于它发生的地点。关于这两种情况，歧视可能从童年就开始了，特别是在上学的时候，所以到了不同个体成年并开始进入就业市场时，在资质方面可能就存在真正的差异了。多年来——事实上是好几代的时间——南方的黑人儿童上过的学校对单个学生的平均支出远低于白人学校。在南方的一些地区，花费在白人学生身上的人均支出是花在黑人学生身上的人均支出的几倍。在某些地方，同一学年的天数并不相同，因此黑人学生和白人学生在受教育的年数相同的情况下，所获的教育数量和质量都非常不同。

成年后，在吉姆·克劳（Jim Crow）[①]时代，具有“相同”教育背景的黑人和白人获得的酬金不同，但无法确认这种差异是雇主歧视的体现，还是工人接触到雇主之前就已经发生的歧视的体现，抑或是某种组合的体现。在之后的时期，到了学校为每名学生的支出以及上学天数这类差距变得较小或不存在的时候，学生们的学习表现差别非常之大，正如已经指出的那样，一个平均水平的 17 岁黑人的考试得分只达到了比他年幼好几岁的白人学生的水平。在此要重提的是，虽然是出于不同的原因，但是拿受过“相同”教育的黑人和白人各自的收入做对比，就等于在拿苹果和橙子做比较。因此，雇主歧视这一论断仍然值得怀疑。

歧视带来的众多经济问题包括：在特定的时间和地点，它有多严重？随时间的变化，它改变了多少？以及群体之间有多少经济差异可以用它来解释？评估最后一项差异的方法之一是比较来自不同种族或民族群体的真正可比较的个体。原则上看起来很简单，但实践起来并不总是那么容易。通常，我们最多能做到的就是在比较来自不同群体的在某些重要方面具有可比性的个人时，观察那些群体之间的总差异是如何缩小的。

早在 1980 年，受过大学教育的黑人已婚夫妇的收入比受过大学教育的白人已婚夫妇的收入略多。而早在 1969 年，家中有报纸、杂志和图书证，并接受了与

① 吉姆·克劳主义是 19 世纪下半叶至 20 世纪上半叶逐渐形成和发展起来的。在此期间，美国特别是南部诸州通过了在公共交通工具、学校、公园、墓地、剧院、餐馆等场所对黑人和其他有色人种实行种族隔离的一系列法律。这些法律以“吉姆·克劳法”著称于世。——译者注

年轻白人男性相同的教育年数的年轻黑人男子，他们的收入与同等地位的白人男性收入相同。但情况并非一直如此。在更早的时期，这种文化因素的影响力不大，这表明种族歧视在更早的时代里更有分量。到了1989年，同年龄（29岁）同智商（100）的美国黑人、白人和拉美裔美国人在全年工作时的年收入差距都在1000美元以内。

雇主们很少（甚至可能从来没有）询问过应聘者他们家里是否拥有报纸、杂志和图书证。他们也不太可能给求职者做IQ测试。此外，即使他们做了这些不太可能的事情，那些种族主义者雇主也不会在乎应聘者是黑人或是属于雇主所不喜欢的其他种族或民族群体。今天的研究人员发现，这些因素已经将种族间具有可比性的个人的收入差异缩小至几乎消失的地步。这一事实表明雇主的种族歧视只能在相对很小的程度上解释黑人和白人之间收入差距仍然较大的情况。简言之，这些种族收入差异不是在文化变量上具有可比性的个体之间的差异，而是反映了这些变量本身在种族之间不同的事实。如果对有可比性的人们进行比较，甚至可能会扭转总数据提出的结论：

> 一些调查劳动力市场歧视的经济学家和社会学家最近得出的结论认为，这是黑人收入低于白人平均收入的主要原因。这个研究表示，这种看起来似乎是歧视的东西应被更准确地描述为对具有更强认知能力的工作者的奖励。因此，1991年针对从事全职工作的26至33岁男子的一项研究发现，当以传统方式（完成的学年数）衡量教育时，黑人的收入比受过同等教育的白人少了19%。但是，当衡量标准变为他们在词汇知识、段落理解、算术推理和数学知识的基本测试中的表现时，结果就反过来了。在教育水平（以技能来衡量）相同的情况下，黑人男性获得的收入比白人男性的收入要高9%。

因此，即使是在种族不被用作挑选手段的情况下，其他挑选手段也会对不同种族的人产生不同的影响。例如，淘汰曾经犯过重罪的应聘者可能会使一个群体中被淘汰者的数量比例高于另一个群体。即使是淘汰有文身者或姓名怪异者也可能会使一个群体中受到影响的人数比例高于另一个群体。反歧视法律会让雇主为对不同群体“差别对待”的政策和做法承担法律责任。

在这些案件中，举证责任落到了被告身上，他们要证明其所用的特定标准的有效性。通常的法律原则是将举证责任推给原告人，这种对通常法律原则的逆转往往足以预先确定结果。因为提供让无经验的第三方满意的有效性证明的成本很容易超过诉讼所涉及的任何问题的价值。例如，为了验证一个心理测试可能要花费数万美元，而且不能保证其验证会令不太可能是精神测试、统计分析或所涉行业的专家的第三方满意。雇主们常常在庭外解决这类案件，因为即使他们根本没有歧视，他们也知道试图证明自己的无辜是徒劳的。

### 消费者歧视

就业歧视并非唯一的歧视。有很多指控称，贫民窟社区中的企业会收取较高的价格或提供劣质商品和服务，银行和其他贷款机构会歧视黑人贷款申请人，而支票兑现机构在执行银行为其中产阶级客户免费执行的服务时，会向黑人收取不合理的高价。对支持此类指控的数据需要仔细审查，就像对待表面上看起来令人信服（但也仅限于表面）的其他数据一样。

毫无疑问，低收入社区商店收取的价格往往高于中产阶级街区的商店收取的价格。此外，肉类、水果和蔬菜等易腐物品的质量也可能较低，并且有很多人抱怨低收入社区中的服务质量不高。许多在种族贫民窟中研究此类事物的人认为这显示了对消费者的“剥削”或种族歧视或两者兼而有之。另一种经济解释是，在贫民窟社区经营商店需要更多的成本，并且这些成本被转嫁给了那里的消费者。如果成本不能完全转嫁给消费者，贫民窟中的企业的盈利能力往往就会较差，因此这样的社区通常吸引的企业就会更少。此外，它们所吸引的企业往往是那些在中产阶级社区竞争中难以幸存下来的企业，无论是因为效率较低还是因为服务较差。

尽管“种族主义与剥削”理论和经济理论都符合人们观察到的贫民窟企业和中产阶级社区企业之间的差异，但有实证数据可以对这些理论进行证伪。首先，需要确定的是，在这些不同的社区做生意的成本确实存在差异，以及这些差异是什么。正如第 2 章已经提到的那样，当一定量的商品被运送到一家巨型超市或像沃尔玛、好市多这样的大型商店，而不是被送到散布在城市周围的大量小商店时，商品的运输成本会较低。此外，由于入店行窃、破坏行为、犯罪或暴力事件发生率较高，在贫民区社区的商店面临更高的成本，这些成本将体现在商品损失、修理费用、保险费用，以及诸如铁格栅或安保警卫等防护手段上。

尽管商店在向消费者收取的较高价格中收回了其中一些成本，但它们可能无法收回全部成本。低收入消费者在自己社区外购物的比例要高于中产阶级消费者，这无疑是因为一些低收入消费者在试图摆脱当地社区商店收取的较高价格。因此，贫民窟社区内的商店通过提高价格收回所有额外成本的能力是有限的。如果它们进一步提高价格，会有更多的顾客到其他地方购物。这反过来又意味着，它们的利润率比中产阶级街区的商店更容易受到限制。针对华盛顿低收入社区商店的一项研究发现，那里的商品价格确实较高，但在这些社区，利润率并不高。这可能也解释了在贫民窟社区中许多商店，特别是那些属于大型超市连锁店的商店缺失的原因。事实上，贫民窟商店可能在被指控“剥削”和“贪婪”的同时还要挣扎求存。

还应该指出的是，即使是在犯罪率高的街区，大多数人也都不是罪犯，但那些不是罪犯的人以多种方式为他们中的罪犯付出了代价。然而，他们在商店支付的高价很少被归因于造成这些高价的犯罪分子，而更可能被归因于收取高价的店主。如果店主来自不同的种族或民族，那么这种谬误会变得尤为可能。此外，如果有当地政治家和社区活动家积极谴责警方对犯罪分子或暴徒采取的强制行动，那么警方往往会在这些社区的执法方面变得不那么积极，以保护自己的职业生涯，所以犯罪分子会有更多的空间，从而再一次牺牲掉当地居民的经济和其他方面的利益。

还应该指出的是，贫民窟社区并不总是在很大程度上缺乏商店和其他提供服务和工作的企业的地方。在较早的时候，犯罪率较低，尤其是在 20 世纪 60 年代大规模的贫民窟暴乱发生之前，有许多企业在黑人社区运营，不过现在已经不在了，如第 2 章所述。这也是贫民区居民们付出的庞大而持久代价之一。如今，还有一个额外因素是，在少数像沃尔玛这样的低价格大型商店考虑在拥有大量少数族裔人口的城市里或其附近选址时，它们常常遭到工会的政治性反对，它们的盟友也会对这些商店的非工会性质和其他政策进行谴责，最终会使这些计划破产。这些盟友通常认为自己是少数族裔的朋友——这是关于种族的谬误之一。

## 贷款歧视

黑人和白人向金融机构申请贷款的被接受率之间的数据差异被认为是种族歧视的证据。美国联邦储备委员会（Federal Reserve Board）于 1991 年发布的全国 1990 年抵押贷款统计研究显示，不同种族群体在申请抵押贷款时被接受和拒绝的比例存在差异。虽然大多数黑人、白人、西班牙裔和亚裔申请者们的申请都通过了，但是这些族裔的常规贷款被拒比例的差异却很大，从黑人的 34% 到亚裔美国人的 13%。虽然该研究警告说，它没有关于申请人的资产净值、信用记录、工作经历和其他通常会影响批准或拒绝抵押贷款申请的决定的数据，但立即有人声称该研究表明了种族歧视的存在。

银行“在抵押贷款中常常全面地歧视非洲裔美国人和拉美裔人”，杰西·杰克逊（Jesse Jackson）称之为“犯罪活动”。一项联邦储备委员会在次年发布的类似研究也得出了类似的结果，并推导出了相似的结论。例如，《华盛顿邮报》报道说，有“压倒性的证据”显示，“我们的银行系统”存在歧视行为。对这两项研究的评论都侧重于黑人和白人之间的差异，有时甚至还有西班牙裔和白人之间的差异——但这些研究中的统计数据也包括了亚裔美国人的数据，而后者的这些数据几乎总是被忽略。

在 1991 年和 1992 年的研究中，白人在申请常规的住房抵押贷款时比亚裔美国人更常被拒绝。2000 年的按揭贷款数据同样显示，黑人申请常规按揭贷款被拒绝的概率是白人的两倍，而白人申请常规按揭贷款被拒绝的概率是亚裔美国人的两倍。就像白人的信用分数高于黑人一样，亚裔美国人的平均信用分数也高于白人。

如果我们使用与得出“为了特殊照顾白人，所以黑人受到歧视”这一结论相同的推理方法，我们就会得出“为了特殊照顾亚裔美国人，所以白人受到了歧视”这一非常可疑的结论。但是，不管这个结论有多么可疑，我们都不能在它支持我们先入为主的观点时想都不想就接受经验证据，而在它违背这些先入为主的观点时就断然拒绝接受同样的证据。这将使原本已经被谬误包围的“种族”主题又增加了许多谬误。另一项研究表明，亚裔美国人比白人更少办理昂贵的次级贷款——但是媒体关注的重点仍是黑人和白人之间在昂贵的次级贷款使用上的差异，而且结论仍是在常规贷款获取中存在的种族歧视导致了这些差异。

跟针对工作歧视和消费者歧视的指责一样，需要仔细检查全部统计数据，以确保当前的比较并非如苹果和橘子一样的两个完全不相关事物之间的比较。例如，尽管在美联储的研究中，有关抵押贷款申请人的数据并未包括他们的资本净值，但即使是在控制收入差异的情况下，黑人和白人的其他数据总体上也显示出了巨大的资本净值差异。所以，“收入相同的黑人和白人被拒绝提供贷款的比例不同”这种说法并不意味着“同等信誉状况的个人被拒绝贷款的比例不同”（虽然许多人都这么认为），因为资本净值是授予或拒绝按揭贷款时的一个重要考虑因素。根据早先的一项调查，“白人家庭的平均流动资产数量大约是普通黑人家庭的四倍”。

这只是其中一种拿苹果和橘子进行比较的方式。波士顿联邦储备银行（Boston Federal Reserve Bank）1992 年对波士顿抵押贷款的一个研究表明，黑人、白人和西班牙裔申请人在许多相关因素上并不相同：

> 正如其他调查报告所报道的，黑人和西班牙裔申请人的净财富及流动资产比白人少得多。黑人和西班牙裔申请者也往往比白人的信用记录差。
>
> 在波士顿，黑人和西班牙裔人比白人更有可能购买二至四户型住房。在那些被拒绝贷款的申请人中，无论白人、黑人还是西班牙裔人，拥有二至四户型住房的比例都较高，这表明贷款人觉得为这样的房产购置提供资金会有更多的风险。

这些以及其他差异情况反映的一个事实是，不同群体申请常规抵押贷款的比例是不同的，这跟政府支持的抵押贷款是不一样的。政府支持的贷款条件往往更容易满足，也往往对可用贷款的规模限制不高，从而降低了一个没有足够资产以补充抵押贷款的人的购房成本。黑人申请政府支持型贷款的次数占他们申请常规贷款次数的 85% 还多，而白人申请政府支持型贷款的比例仅为他们申请常规贷款次数的 32%，亚洲人申请的政府支持型贷款则只占他们申请的传统贷款次数的 11%。

几乎在每个有数据的变量中，这些群体都存在着显著的不同。例如，白人申请贷款更多的是为了清偿他们的住房按揭贷款，而不是改善住房，而黑人则正好相反。然而，与其他情况一样，统计差异很容易被视为种族歧视的证据，就好像种族是所比较人群中唯一的差异一样。此外，对亚裔美国人的略去不计表明，人们正在避免引用有冲突的数据，从而防止他人针对从这些数据差异得出结论的整体做法提出令人尴尬的问题。这种避开亚裔美国人的数据事实和其他事实的情况还有很多，因为这些事实可能会破坏当下流行的对种族差异的方便解释。

波士顿联邦储备银行的研究试图对各种因素进行数据控制，以确定在比较具有相同测量特征的黑人和白人之后，还存在着哪些尚未解释的残留差异。它得出的结论是，虽然具有与白人相同的测量特征的黑人有 17% 的概率会被拒绝贷款，但在相同的标准下他们被拒概率本应该只有 11%。然而，它们并没有简单地直接表述存在着六个百分点的未能解释的差异，而是用了截然不同的表达：

> 波士顿地区的黑人或西班牙裔抵押贷款申请人被拒绝的可能性比类似状况的白人申请人大约要高出 60%。这意味着，17% 的黑人或西班牙裔申请人（而不是 11%）将被拒绝贷款，即使他们与白人申请人具有相同的债务比例、信用记录、贷款价值比和财产特征。总之，那些结果表明，抵押贷款市场存在严重问题，贷方、社区团体和监管机构必须共同努力，确保少数群体得到公平的对待。

因此，六个百分点的未经解释的差异被表述为高出 60% 的贷款被拒的可能性，因为 17% 比 11% 大约高出 60%。但是波士顿联邦储备银行研究中的问题超出了偏见的含义。像许多研究会保留固定的变量一样，这个研究似乎认为要么这些变量是唯一有用的变量，要么黑人和白人之间的任何其他变量都相同——即使实际调查的结果是黑人和白人之间每个变量都有所不同。最终，有其他人对这些特定的银行记录进行了审查，结果表明，对明显可比较的黑人与白人的贷款批准率的所有残余差异都来自一家银行，而且该银行归黑人所有！

如果贷款歧视理论是正确的，那就意味着黑人必须比白人拥有更高的信誉，才能被批准贷款。这反过来意味着黑人借款人后来的违约率会低于白人借款人。但是根据普查数据得出的经验证据并没有表明经批准的借款人的违约率存在种族差异。《福布斯》杂志的一位作家对波士顿联邦储备银行研究报告的主要作者艾丽西亚·芒内尔（Alicia Munnell）解释了这一事实的含义。在压力之下，她同意了他的观点："对黑人的歧视应该会带来较低的而非相等的违约率，歧视意味着优秀的黑人申请人被不公平地拒绝了。"但她称这是"一个复杂的问题"，后来出现了如下讨论：

> 《福布斯》：你有没有思考过这样的问题，如果黑人和白人的违约率大致相同，那么就表明抵押贷款机构做出了理性的决定？
>
> 芒内尔：没有。
>
> 芒内尔不想否定她的研究。她思索着告诉《福布斯》，那些普查数据不够好，可能被窜改过了：我确信歧视发生了。
>
> 《福布斯》：你没有证据吗？
>
> 芒内尔：我没有证据……没有人有证据。

即使没有关于影响抵押贷款因素的数据，抵押贷款歧视指控也很难通过合理性测试。为了便于讨论，我们假设每家银行和每个储蓄贷款协会的每个抵押贷款专员都是白人，并且他们每个人都不喜欢黑人。那将会发生什么？

抵押贷款专员将不得不和黑人抵押贷款申请人打交道，不论他们的贷款申请是被批准还是被拒绝，而且该银行中的任何人可能永远都不会再见到这些黑人申请人，无论他们的申请是被批准还是被拒绝。此外，无论是对黑人申请人还是白人申请人来说，批准贷款都不是帮不帮助他们的问题，而是从他们那里赚钱的问题。不喜欢黑人是否意味着不喜欢每月收到他们的按揭付款支票？即使是在种族主义最严重的吉姆·克劳时代的南方，也很少有白人拒绝接受黑人寄来的钱。

在此前的研究断言抵押贷款存在歧视的时期，银行和储蓄贷款协会都在努力地避免破产，而它们中的大部分都失败了。相信它们当时由于拒绝贷款给符合条件的黑人们，所以拿不到黑人们寄来的本可以用于救急的支票，就等于相信仅仅是知道了这些素未谋面的、寄来支票的人是黑人这一点，就足以让这些银行官员们在财政上切断了自己的活路。

至于那些对信用评级较低的人收取较高利率的次级贷款放款人，许多（如果不是大多数）都损失了上百万美元之巨。在 2001 年，美国银行在损失了上亿美元之后突然关闭了其次级贷款项目。一些次级贷款机构破产了，而且一直以来都在遭受“无情地剥削穷人”的指责，而它们的做法事实上是低估了贷款的风险程度，因此即使它们收取的利率较高，也不足以弥补这些风险。

## 经济学的正确思考

虽然种族、民族群体之间差异的总体数据很容易获得，但从这些数据中得出的推论差异却很大，很具争议性。同一组数据可能会得出完全不同的结论，这是由于对引用的数据的任意选择，以及对比较的群体的任意选择导致的。例如，如果在比较黑人和白人时忽略了亚裔美国人，那么人们可能会错过这样一个事实，即如果研究者推导出“黑人受到了歧视”的结论，那么根据相同的推理，也会得出“白人受到了歧视”这一结论，因为他们不仅抵押贷款被拒绝的次数比亚裔美国人更频繁，而且不得不比亚裔美国人更多地求助于昂贵的次级贷款。一项针对 1990—1991 年就业低迷时期的研究表明，白人工作者比亚裔美国人工作者更有可能失业。我们要么认为白人雇主对白人工作者有偏见，要么就得承认各个群体在与经济决策相关联的特征方面会有所不同。

关于种族歧视的存在、规模和后果问题不能用总统计数据甚至一些普遍使用的研究方法来回答。例如，已经有一些研究项目派出了具有相同客观资质的黑人和白人求职者，或是拥有同等收入的黑人和白人去申请相同的住房或贷款，然后通过这些匹配的个人作为雇员或作为承租人、置业者或借款人的概率差异来确定黑人受到的歧视有多频繁或多么严重。

这种方法中的谬误来自忽视了认知的高昂成本以及做出错误决策的高昂代价。无论是客观的工作资历还是收入，都不能展示任何种族中任何人的人生全貌。在获取更具体信息的成本高昂的情况下，贷款机构可能会借助其他挑选手段，例如从前任雇主处寻求更多详细信息——许多前雇主可能不愿意提供，因为他们在提供不利信息时会面临法律风险——或雇用私人侦探调查求职者、住房申请人或贷款申请人的私人生活。这些挑选手段包括通过现有员工的推荐来雇用。现有员工没有动机去推荐一个不适合这个职位的人，因为他们不愿损害自己在老板心目中的地位。正如我们已经看到的，种族可以被用作一种挑选手段，其使用者甚至可以是那些对特定种族没有敌意的人，包括相同种族中的其他人。

事实上，如果在这些种族中，理想的员工、租户、房主或借款人的比例存在差异，那么使用种族作为挑选手段可能会使许多理想的个人丧失资格。它不会使整个种族付出代价，却超出了这些人自己的行为所引起的代价。毫无疑问，在很多雇主都立起牌子表明“谢绝爱尔兰人应聘”的时代，有许多饮酒节制、勤奋而且工作高效的爱尔兰人受到了伤害,因为他们自身并没有过错。但这完全不同于说，在那个时代，爱尔兰裔美国人作为一个整体，和其他美国人之间的就业和收入差异（而非行为差异）代表了歧视，其成本反映在就业差异上。确定两个群体之间的经济差异是不是歧视的结果，与确定个人是否因他没有做的事情和他无法控制的情况而受到惩罚完全不同。然而，无论人们对个人歧视的谴责有多么严厉，它也不能自动解释群体之间的收入和就业差异。

在杜波依斯（W.E.B. DuBois）19 世纪的研究中隐含了一些类似的结论，该研究总结道：“如果所有的白人在一夜之间摒弃了种族偏见，那么对大多数黑人工人来说也不会有太大的变化。”虽然“有些人会被提拔，有些人会转到新岗位”，然而，“大众会保持原样”，直到年轻一代开始“加倍努力”，直到“怠惰和气馁的人们”被激励起来，而且整个种族“失去了无处不在的失败的借口——偏见”。同样，与爱尔兰裔美国人一样，无责任的人可能会遭受严重损失，而这种损失无法解释两个群体之间的整体收入差异或就业差异。毫无疑问，在学术界和其他地方，由于种族的原因，杜波依斯自己被剥夺了他原本完全有资格享有的种种机会。但这里的重点是，根据杜波依斯当时的研究，这种就业歧视并不能解释在他那个时代所存在的非常大的黑人与白人之间的收入和就业差异。当整个群体无法满足相关因素时，针对不同的适宜个体样本做出的不同决策被误读为整个群体的命运差异。

另一种看待这种情况的方式是，在就业市场（消费市场也一样），必须明确区分造成一定成本的人和将成本转嫁给其他人的人。正如低收入社区的犯罪分子制造的成本被转嫁给当地非犯罪分子居民一样，来自某个特定种族或民族群体的工作不太高效或较能制造麻烦的工作者制造的成本，以减少就业机会的形式被转嫁给来自同一群体的其他工作者。这两种行为是否公正，这是一个道德问题；至于这些后果是不是这些情况导致的，则是一个经济问题。

在某一时期，黑人社区（就像爱尔兰裔社区和犹太人社区一样）中很多人认识到，他们社区中某些要素的行为所带来的负面影响，会对其他的以及更大的社区要素产生不利的影响。黑人、爱尔兰裔和犹太人都有社区组织，既有世俗的又有宗教的，都致力于为了所有人的利益而减少一些人的负面行为。但是，如果把一个群体的所有问题都归咎于外人，却在内部不惜一切代价维持群体团结，甚至团结那些做错事情的人，那么这种努力就会被减小或受到破坏。

数据问题绝不是种族谬误唯一的来源，也不一定是主要的来源。许多人在以特定方式看待种族问题上有很大的既得利益。为种族差异的原因及其补救办法，提倡了特定社会视角的政治家和活动家们赌上了他们的整个职业生涯，特别是当把政治和行动主义描绘成过去和未来进步的主要根源之后，这与确凿的证据完全背道而驰。其他人则在普遍的观点中做出了大量的心理或意识形态投资。普遍观点认为，在所有原因中，外部原因是对群体在收入和犯罪率方面的差异的主要解释。这些外部因素包括从雇主歧视到低收入社区的高物价，再到有所欠缺的上班交通方式。

对这些解释的任何质疑都可能招致“责怪受害者”的罪名。但是问题的关键在于，“加害”究竟是不是解释。至于责怪，谁能因为继承了在他们出生之前就已存在的文化而遭受责怪？虽然对于过去，我们没有什么可以做的，但在当前我们可以做很多事情来为未来做准备。无论我们希望在未来取得什么成果，都必须从了解我们当前的位置开始——不是从我们希望我们在的地方，也不是从我们希望别人认为我们在的地方，而是从我们实际所在的地方开始。

历史和数据都揭示了“奴隶制遗留”对美国黑人贫民窟当前的社会病理学解释的谬误。20 世纪二三十年代在华盛顿黑人社区长大的参议员爱德华·布鲁克（Edward Brooke）用几句话总结了许多统计数据证实的东西：

> 对于今天在美国长大的年轻人来说，我年轻时的故事似乎近于无法理解。这需要他们暂时忘掉对现实的感受，去想象一个华盛顿特区大片地区真正安全的时代，同时也是家人们会一直在一起，邻居们会互相帮助，学生们会获得好好学习的鼓励，并且没有毒品和飞车射击的时代。

布鲁克参议员所描述的世界更接近奴隶制的时代，而非那些渗透着为我们当前所熟知的贫民窟病态社会的时代。此外，在英国一项对下层白人社区的研究中发现了许多非常相似的病症，其中，我们所熟悉的解释（奴役、种族主义或歧视）都不适用。英国的下层白人社区和美国的黑人贫民窟有着相同的社会病态模式，这种模式在 20 世纪后半叶开始变得明显，当时在这两个国家中相似的想法和政策占据了主导地位。英国曾经是世界上最守法的国家之一，但到了 1995 年，其犯罪率在大多数类别中都高于美国。在这两个国家中，那些声称有解决方案的政治家、活动家和意识形态拥护者们反而使许多问题变得比以前更糟。

# 07 第三世界事实与谬论

ECONOMIC FACTS AND FALLACIES

西方国家的繁荣与一些第三世界国家的赤贫所形成的强烈对比激起了民众的诸多情绪，并引发了一系列对造成这种现状的原因的调查。虽然这些调查揭示了很多事实，但由于没有区分因果联系和责任过失，产生了许多谬误。

任何人类种族的发展历史中都存在数不清的罪责。因此，人们若想要通过责任过失来解释原因，他们常常可以从人类历史中找到可以引用的劣质事件。《欧洲如何使非洲不发达》（*How Europe Underdeveloped Africa*）这本书的书名充分体现了这种混淆。欧洲人确实在非洲犯下过许多罪行，但北非人在欧洲犯的罪也相当多。比起被绑架到美国的非洲人，被北非巴巴里海岸的海盗奴役的欧洲人的人数则更多，而且北非的摩尔人侵占并征服了西班牙数百年。

这种掠夺和暴行绝不局限于欧洲人和非洲人。在世界的不同角落，亚洲人、阿拉伯人、波利尼西亚人，以及西半球的原住民，都有着相似的历史。尽管他们的所作所为在具体细节上有所不同，但大体行径是差不多的。同样地，这种责任和原因之间的混淆不只存在于欧洲人和非洲人之间，许多人把南美洲的贫穷归咎于北美人，或者把印度的贫困归咎于英国在亚欧次大陆的殖民统治。

当然，有时候责任和原因可能是一致的，就像一个历史事件可能正好发生在春分一样。但是，尽管出现如此的重合，它们本身仍然是截然不同的两码事。西班牙建立了一个庞大的帝国，从南美洲南端一直延伸到旧金山。在建造这个庞大帝国的过程中，西班牙的征服者们摧毁了西半球许多的原住民经济和原住民社会，在使西班牙富裕起来的同时，也使这些地区的原住民人口陷入贫困。但是，尽管在世界许多地方都可以举出类似的例子，但更根本的问题仍然存在：为什么大多数繁荣的国家时至今日依然繁荣，而大多数贫困的国家到现在依然贫困？

除非征服者与被征服者之间原本就存在巨大的差异（不管是经济上的差异还是军事力量上的悬殊，或者是其他方面的差异），否则最初的那些征服者是如何成功征服被征服者的？当我们试图解释类似的征服时，不禁会想虽然西班牙还没有美国的得克萨斯州大，为何它却能够攻克那些领土是其几倍大且人口数量远远超过自身的地区？又为何一些欧洲国家可以征服非洲？当我们试图解释这些征服时，这样的问题就显得尤为重要。

简言之，那些将被征服国家的贫困归咎于征服它们的国家的人并没有处理清楚因果的问题，因为前面提到的隐藏在征服背后的那些差异还有待进一步阐述。此外，还有一些兴旺富裕的国家，但它们的征服行为微不足道，或者根本没有征服过其他国家，而有些贫困的国家，也从未被某个国家征服攻陷过。如果把第三世界的贫困只因归咎于经济“剥削”，通过这样的形式将原因和责任混为一谈，那么无论如何定义，都存在这样一个未解之谜：为何在第三世界中，最贫困的国家往往是那些遭受繁荣国家征服攻占程度最低的国家？

比起因果关系，单纯的指摘要容易理解得多，更容易使人得到情感上的满足，而且在政治上也能得到更多便利，但它仍然是诸多谬误的来源。在假设单靠指摘就可以解释第三世界的贫困之前，我们至少应该考察因果关系的复杂性。世界不同地区之间的经济不同，经济差异背后的许多因素都起源于地理。因此，无论富人还是穷人都不应该被责怪。

## 地理因素的影响

地理包括许多东西：土地的组成和生产力、气候、自然资源、水道、动植物群，等等。尽管很少有单一的因素能够决定发展的速度和规模，但这些因素都在限制或者促进当地经济的发展。

居民的贫困或富裕会受到土地构成的影响，这看起来似乎很奇怪。但是，正如法国著名历史学家费尔南德·布罗代尔（Fernand Braudel）所指出的那样："山地的生活水平一直滞后于平原的生活水平。"关于这方面的事例并不难列举：例如，美国的阿巴拉契亚地区长期处于贫穷和落后的状态；在更早的世纪，希腊山区的人们是最后学会说希腊语的，就像苏格兰高地的居民也是在低地居民之后才学会说英语一样；当摩洛哥里夫山脉（Rif Mountains）的居民开始接触伊斯兰教时，平原上的居民已经成为穆斯林了。最早的文明发源（如中东、印度和中国），都是开始于河谷，而且世界上绝大多数大城市都建在通航水域附近，这也似乎并不只是巧合。

尽管我们倾向于认为地理是固定不变的，但随着知识和经验的增长以及时间的推移，人类在特定的地理环境下可以做的事情也随之变化。因此，特定环境的优势和劣势，无论是绝对的，还是相对的，都会随着时间发生重大的变化。虽然特定环境中自然资源的数量可以被认为既定的，但实际上哪些事物可以作为自然资源发挥作用，完全取决于人类是否知道如何使用它们。瀑布并不是自然资源，而且在人们发明水磨坊和水电坝之前，瀑布是水路上通行的障碍。因此，不管有没有瀑布，不同地区在地理上的相对优势和劣势发生了变化，从而决定了这些地区居民的未来是繁荣富裕还是贫困落后。

同样地，一个地区有石油、铀及其他矿藏也好，没有这些矿藏也好，只有在当地居民知道如何利用这些矿藏之后，有没有这些矿藏才会对这些地区及其居民的相关发展造成完全不同的经济效应。只有在农民发明了利用牛或马耕作的方法，进行有效的耕种时，西欧难耕的土壤才算是比其他土地的土壤更为肥沃。同时，西半球原本是没有牛和马的，因此数千年来都没能得到这样的发展，是欧洲的侵略者们入侵后才带来了牛和马。在那个时代，农业在全球大多数地区的经济发展中占主导地位。因此，当时西半球的原住民的经济不可能像大多数人生活的欧亚大陆的经济那样发达。

因为几千年来，马匹和牛占据欧亚居民交通与货物运输的中心地位，这就意味着西半球的陆路运输和农业发展是和欧亚大陆完全不同的景象。此外，由于比较经济的水上运输的可承载规模取决于陆路运输在船舶抵达港口时处理货物的能力，因此，跟欧洲和亚洲相比，想要在西半球建立大型远洋船舶，既缺乏动机又没有条件。简言之，由于地理上的差异，生活在不同半球的人们的生活方式也必定是不同的。

也许地理对人类最深刻的影响在于，它不仅在经济上而且在文化上促进或阻碍着人们的互动。因为没有人会垄断新的思想见解，所以任何特定人群在经济上或其他方面的进步都或多或少地取决于他们能够在多大程度上接触和利用其他人的进步。地理在决定文化在特定地区的传播和抵达的范围方面，起着至关重要的作用。几千年来，生活在欧亚大陆的人们和生活在西半球的人们都不知晓彼此的存在，所以他们之间没有进行任何的文化交流。过去的几个世纪他们开始了接触和交流，但这只是他们历史长河中很小的一段。他们通过数千年的历史发展形成了各自独特的经济、文化、技能和价值观。

同样地，生活在世界各地孤岛上的人们已经远离了参与人类进步所必需的文化互动。15 世纪，西班牙人在加那利群岛（Canary Islands）发现，那里的原住民是来源于生活在石器时代的高加索人种族。在英国人到达澳大利亚之前，澳大利亚的原住民同样独自生活在世界另一端的岛屿大陆上。无论是绝对地还是相对地，地理隔离都对经济和文化发展产生了消极的，有时候甚至是破坏性的影响。

地理的差异会造成运输成本上的巨大差异；反过来，它既可以促进一些人之间的文化沟通，也同样会阻碍另一些人直接的文化交流。尽管欧洲和亚洲是连着的，但却被视为两个独立的大陆。亚洲人和欧洲人被他们之间的山脉和沙漠隔离开来。在数千年的发展中，他们形成了各自的种族，产生了巨大的文化差异。虽然那个时代的欧洲人和亚洲人的隔离并非像欧亚大陆的居民与西半球的居民那样处于绝对的隔离状态，但由于人的迁移和交通成本比货物运输的成本更高，所以，运输成本和文化互动的限制对欧洲人和亚洲人之间的经济互动产生了更大的影响。

广袤的撒哈拉沙漠相当于美国 48 个州毗连在一起的大小。几千年来，撒哈拉以南的非洲人民一直与世界其他地区的人们隔离开来。即使不是绝对的，这种隔离的程度也非常大。正如费尔南德 · 布罗代尔所说的那样：“外部影响渗透的速度非常慢，只能一丁点一丁点地进入撒哈拉以南广大的非洲大陆。”此外，内部的地理障碍不仅数量多而且程度严重，使撒哈拉以南非洲的许多民族彼此分离，使这个地区在文化上变得分散，其中一个显著的标志就是非洲有大量不同的语言——非洲占世界人口的 13%，却创造了世界语言总数的 30%。无论人们被隔离在何处，不管隔离障碍是沙漠，还是远方的海岛或偏远的山谷，他们的经济和文化发展都往往落后于外面的世界。

气候也是地理的一部分。特定的气候对农业或疾病有着直接的优势或劣势影响。除此之外，气候还会影响文化世界的大小。如果人们栖息的土地和水道常年结冰，那他们很难和外界以及生活在温和气候条件下的人们保持贸易与沟通。在相同的距离下，气候从北到南的变化比从东到西的变化更为显著，因此比起南北地区之间，生活东部地区的人们和生活在西部地区的人们之间对于特定作物的知识，以及特定动物的驯养和照顾会有更多的交流。这些知识还可以经由亚洲传播到同纬度的欧洲。但是，南美洲温带地区的动植物常识却不能适用于同距离的北美温带地区的动植物，因为它们之间隔着一个非常广阔的热带地区，那里的动植物群与其他地区的动植物有着较大的不同。

即使在相对有限的区域内，地理的变化也可能是极端的。当潮湿的风吹过山脉时，山脉迎风面的降雨量可能是背风面的降雨量的好几倍，这就给山脉两边创造了完全不同的农业条件，而且山脉两边的植被种类也不同，生长的高度也不同。西欧在气候、通航水道和实现工业化所需的矿藏方面与东欧不同，在这些方面与非洲的差别就更大了。

我们不能只通过看某个方面孤立地去看待地理因素产生的影响，因为它们的相互作用通常是非常重要的。例如，撒哈拉以南非洲大部分地区缺乏驮兽（如牛、马、驴等），而这些驮兽在欧洲和亚洲则是很常见的，而且撒哈拉以南的非洲地区还缺乏通航水道，在某些地区出行困难，于是他们受隔离的影响就被放大了。撒哈拉沙漠以南的非洲人民头上总是顶着五颜六色的包袱，这足以说明，数千年来交通运输上的严重局限已经阻碍了他们的发展。

有无可供出售的自然资源可能被看作决定一个国家经济命运的关键地理因素，但这点其实并不具有决定性的作用。沙特阿拉伯不仅是世界上最大的石油生产国，而且产油非常容易，因此，沙特阿拉伯的石油生产成本只是其在世界市场上销售价格的一小部分。因此，沙特有一些人异常富有。但就整个沙特阿拉伯来说，其实际人均收入大约只有新加坡的一半，而新加坡除了海港，几乎没有什么自然资源，甚至连饮用水也不得不从马来西亚进口。以色列没有大量的石油，但与大多数富含石油的中东国家相比，其实际人均收入却更高。

世界上最大的天然气生产国（俄罗斯）的人均实际收入甚至在全世界排 70 多名以后。世界上最大的橡胶生产国（泰国）或最大的锌产国（中国）也不例外，排名不高；全球最大的黄金产国（南非）和铜产国（智利）的实际人均收入排名分别是第 69 和第 70 位。乌拉圭和委内瑞拉的人均自然资源价值是日本和瑞士的几倍，但日本和瑞士的实际人均收入却大约是乌拉圭的两倍和委内瑞拉的好几倍。比起拥有丰富的自然资源，地理优势的可利用性似乎对经济的发展有着更大的影响。毕竟，知识才是使物质成为自然资源的原因。穴居人拥有的物质资源和我们今天拥有的是一样的，甚至更丰富，但是只有当人类获得了使用它们的知识时，这些物质资源才是经济意义上的自然资源。

这里没有必要详细介绍第三世界国家的地理状况，更不必说地理是造成他们贫困唯一的决定性因素。重要的是，我们应该明白，光是地理本身就已经足够形成差异，因此人们和国家之间原本相同或平等的经济状况既不能作为评判的基准，也不能作为一般性的假设，这种假设会让我们惊讶于差异的存在，同时为这些差异去寻找原因或者罪魁祸首。除了地理，还有许多其他因素影响国家的繁荣或贫困状况。由于其他某些因素，一些在地理上物质非常丰富的国家却仍然贫困，一些在地理上处于劣势的国家却变得繁荣富裕。我们需要考虑这些因素，但同样不能进行一般性的推测，即除了一些既定的因素外，世界各国的人们和国家会有相同的经济成果。

## 历史因素的影响

当我们提到第三世界国家，可能会有这样的印象，认为它们跟其他国家相比是非常不一样的国家，但这其实是一种谬误。一百年前繁荣富裕的国家跟今天富裕发达的国家不是同一批国家，一百年前的穷国现在也不一定依然贫穷。在 20 世纪中叶，新加坡还是世界上最贫穷的地区之一，但今天的新加坡已是世界上最富有的国家之一。19 世纪中期，日本还是一个贫穷落后的国家，在 20 世纪上半叶，日本制造的产品通常被认为是欧洲或美国制造的类似产品的劣质仿制品。然而今天，日本的汽车、照相机和其他产品的质量却是全世界产品质量的标杆，而且日本人民也变得十分富有。在 20 世纪初期，阿根廷是世界十大富裕国家之一，财富排名居于德国和法国之前，但如今它早已失去了这一地位。用漫长的历史观来看，所有国家都曾在某个发展阶段属于过第三世界国家。

总之，今天被归类为第三世界的国家只是在经济水平上落后于其他大多数国家。无论是绝对的，还是相对于世界各地不断提高的生活水平而言，有的国家一直很穷，有的国家则只是变得贫困。中国和印度等国家几个世纪以来一直都非常贫穷，但在过去的一代人的时间里，经济增长异常迅速，已经使数百万人口脱离了它们的官方贫困线。在甚至更短的时间内，最贫困国家的名单也已经发生了变化。正如经济学家威廉·伊斯特利（William Easterly）指出的那样："到 1985 年，28 个最穷的国家中有 11 个在 1950 年已经不属于最穷的国家。"

正如在第 5 章提到的，比较统计分类在某段时间的相对收入和比较同一群人在某段时间的相对收入会产生完全不同的结果。同样地，比较某些国家统计分类在某段时间内的收入产生的结果，也会跟比较同一批国家在某段时间内的收入的结果不一致。世界银行和其他国家的统计数据表明，从 1960 年至 2000 年期间，20 个最高收入国家和 20 个最低收入国家的收入之间的比例从 23∶1 增长到了 36∶1。有些人利用这些数据声称，比起其他因素，全球化加剧了繁荣国家和贫困国家之间的经济不平等。但比较相同的国家在 2000 年与 1960 年的数据时，会得出完全相反的结论。最初最富有的 20 个国家和最初最贫穷的 20 个国家之间的收入比例从 23∶1 下降到不足 10∶1。实际上，国际贸易越来越自由，数量也越来越多，即全球化的发展，是一些国家从收入最低的 20 个国家中崛起的原因之一。

由于全世界所有的国家最开始都是贫穷的，所以我们需要解释的不是贫穷的原因，而是为什么一些国家能够脱贫致富。没有人知道是谁发明了轮子或者是谁最先开始种植庄稼，不再依靠采集野生植物维持生活。人们只知道，这些事情很早就已经出现在某些社会中，并且从一个社会传播到另一个社会，尽管没有传播到每一个社会中去。最早的农业可能出现在中东地区，并传播到最靠近中东的欧洲社会，因此，欧洲地中海地区，特别是地中海东部，在许多方面比北欧更为先进。古希腊人建造了帕特农神庙等宏伟的建筑，然而，在几个世纪以后，当罗马人入侵不列颠群岛时，那里还没有一座建筑。正如温斯顿·丘吉尔所说："我们把伦敦归功于罗马。"

公元10世纪，某个穆斯林学者可能会说，欧洲人越往北边越苍白无力，而且"越往北，他们就越愚蠢、粗野和残暴"。在今天很多这样的言论因为种族歧视的原因会被自动删除，但事实上这个穆斯林学者说的是对的，错的是我们。而且，在罗马帝国崩溃后，整个西欧一直在衰退，这种巨大的衰退持续了许多个世纪，一直到西欧国家取代了地中海欧洲国家，成为欧洲文明新的领导者。同样地，在亚洲，沿着中国黄河流域发展起来的古代文明不仅遍布中国，而且还传播到东南亚的其他地区，并在一定程度上传到了日本。中国的产品也跨越欧亚大陆进入欧洲。

那些没能跟世界先进文明接触交流的地区，不论是由于地理上的障碍还是其他原因，往往落后于其他经济更具活力的地区，停留在后者未发展之前贫困程度。17世纪的日本实施了一项国策，有意地同外界隔离开来，直到19世纪中叶美国军舰进入日本海域，迫使日本人向世界开放它们的港口。这一痛苦的历史事件给日本人敲响了警钟，让他们意识到自身的落后和软弱，同时创建了振兴国家经济的计划。这一计划指导了日本未来好几代的经济发展。

日本从自己身上看到了贫穷的根源，因此看到了改变自身的需要，才能进步发展，但像日本这样的例子很罕见。如果它们当时没有被侵略攻占，它们便不能怪殖民主义；而且日本曾一度闭关锁国，脱离于国家贸易和投资之外，所以它们也不能怪罪于外国人的“剥削”。日本有着跟今天许多第三世界国家截然不同的视角，靠这种视角思维发展，日本经历了其历史上速度最快、幅度最大的崛起时期。

就科学技术、经济和政治组织，以及艺术方面的领导力而言，中国在世界上的领先地位比任何历史时期的任何其他国家都要长。中世纪之后，中国的生活水平达到世界最高。然而，在前几个世纪，中国常被视为第三世界国家，那时的中国经常发生饥荒，并且直到20世纪中叶，中国的经济快速增长，才得以摆脱这种状况。同样，在中世纪之初的几个世纪，伊斯兰世界在科学、艺术和军事上远远领先于欧洲。但是，在经历了各种社会发展的举措之后，两种文明的相对地位也发生了逆转。简言之，没有哪个国家或文明能够永远处于人类发展进步的最前沿。同样地，各个国家的经济水平也不可能相同。当今很多人把经济平等视为一种社会常态，进而别有用心地，甚至邪恶地解释经济不平等的原因。

## 经济因素的影响

富国和穷国的经济水平之间的对比非常明显，从统计数据来看，其反差确实令人咋舌。根据统计数据显示，瑞士的实际人均收入是马来西亚的三倍多，是阿富汗的40倍，而美国的实际人均收入是阿富汗的50倍。在德国、瑞士和加拿大，超过一半人拥有汽车，而且还是把儿童也算在内的，而在埃塞俄比亚，1000个人里面只有一个人拥有汽车。这些差异不仅巨大而且还远不止于此，但是我们不能完全相信某些统计数据。

在许多第三世界国家，就算不是大部分，至少也是很多的经济活动都“没有入账”，因为申报程序烦琐，而且管理过细的法律法规会使合法经营业务的成本过高。例如，据估计印度只有 10% 的劳动人口在正规的或法律认可的行业工作。除此之外，人均收入的数据也往往不具可比性，因为第三世界国家和其他富裕的国家相比，人口的年龄差别很大。德国、意大利和日本的年龄中位数在 40 岁以上，而许多第三世界国家（从安哥拉到赞比亚）的年龄中值却在 20 岁以下。在世界各国，不仅年轻人赚的钱通常比中年人少，而且高收入国家也需要花费大量生产用于解决老年人的特殊问题。

德国、意大利和日本 60 岁以上的人口超过本国的四分之一。为了应对老年疾病，需要生产许多额外的物品，例如，拐杖、步行辅助器，以及从巨多（Geritol，一种治疗缺铁性贫血的营养补充剂）到伟哥（Viagra）等药物。这些产品可以帮助老年人生活得更好，但却不能使老年人的生活比年轻人更好，因为后者根本不需要这些产品。如果有一些可行的方法可以对数据进行调整，以便将所有的因素考虑进去，那么富裕国家和贫穷国家之间的统计差异将会更准确地反映真实生活水平间的差异。这些差异将会仍然存在，但不会像之前统计数据显示的那样极端。

由于所有国家都至少曾经像第三世界国家一样贫穷，因此，需要解释的不是贫穷的原因，而是创造财富的原因，以及哪些东西会加强或减弱创造财富的能力。

## 法律和秩序

繁荣的时期和发达的地区所共有的特征是法律和秩序的存在。换句话说，无法建立法律和秩序的时期和地区很少能够实现繁荣。有时候地理是个很重要的因素。山区往往是法外之地，因为在和外界脱离的地方或者人口稀少的地方提供警力或军事控制的成本往往远高于在低地平原的成本。无论哪个政府因为什么原因而崩溃（就像罗马帝国崩溃后的西欧），经济的停滞甚至倒退通常也会随之而来。据估计，在罗马帝国崩溃一千年后，欧洲的生活水平才再次恢复到罗马时代的水平。

同样的情况在美国黑人贫民窟中也偶有发生。20 世纪 60 年代，美国黑人贫民窟发生了不少毁灭性的骚乱，这些骚乱不仅摧毁了当时现有的企业，而且还将许多新企业排除在外整整一代人之久。哪怕是在成吉思汗或奥斯曼帝国统治下的专制法律，只要这些法律是可靠的，而不会反复无常或者滋生腐败，这种专制的法律也会促进经济的繁荣发展。在许多第三世界国家，特别是那些自然资源或其他地理环境在经济发展上存在优势的国家，一个明显的特征就是执法不力，法律政策反复无常，以及法律腐败。

在地方军阀的专制统治下，国家会分裂成几个地区（无论是今天的阿富汗还是过去几个世纪的苏格兰高地都是如此），然后陷入贫困。法律和秩序涉及的不仅仅是至关重要的物质安全。由于经济活动需要一段时间来完成，所以产权是一个先决条件，这样那些从事农业或投资经营的人才可以放心，他们的努力成果将会是他们的最终所得。即使是没有财产的人，如果他们在一个因产权存在而繁荣的经济体中工作，他们的财产权利也会很大。

也许理解产权最简单的方法是看当产权缺失时会发生什么。在产权尚未正式废除的一些国家，依法验证住房、农场或企业的所有权的成本与相应国家的平均收入水平相比可能会非常昂贵。这是第三世界国家中常见的情况。据《经济学人》杂志估计，在非洲，10 人中只有一人工作的企业或生活的住房是当地法律承认的；在埃及，估计有 470 万间房屋是非法建造的；在秘鲁，该国缺乏产权的房地产的总价值估计比该国整个历史上接受的所有外国直接投资高出十几倍。在其他第三世界国家，也普遍存在着类似的情况，经济活动的资产没有得到当地法律体系的承认。

缺乏法律承认并不仅仅是形式上的。对于那些想要摆脱贫困走向富裕的个人或者国家而言，得不到法律的承认是一种障碍。世界上许多优秀的企业最开始的时候都处于一个非常温和谦逊的阶段，例如第三世界无数企业家已经创立的那些公司。例如，惠普公司就是在一个靠借钱租来的车库里开始起步的；彭尼（J.C. Penney）连锁百货公司的创始人当时的经济状况还比不上今天大多数靠福利生活的人；NBC 广播网络的创始人年轻时靠在街头卖报谋生。这样的例子数不胜数。但是，所有这些曾经贫困的企业家都生活在一个可以从他人身上赚钱的社会里，因为当地的法律制度保护产权，确保一个没有钱但是却有创业才能的人能够从其他有钱的人身上赚钱，钱最终会落入他们的口袋。

第三世界国家的很多人终生都是个小商贩。但是，在美国，像梅西百货（Macy's）、布鲁明戴尔百货店（Bloomingdale's）和李维斯（Levi's）这样的企业的创始人都是从小商贩做起来的。对于一般的企业而言，不管企业规模的大小，能够从其他人那里挣钱的能力都是至关重要的。如果没有财产权的保护，贷款人是不愿意将钱借给那些还不起的人的，因为他们的住房或其他资产不被法律系统认定为他们的，因此在借款人违约的情况下，也不能用作抵押品转移给贷款人。

那些从小规模企业发展起来的大公司，只有在获得了很多商业上的成功后才能发行自己的股票和债券，变成大公司。如果没有钱，它们很难获得商业上的成功。没有钱，成功的概率也是非常小的。许多第三世界的小商贩和其他小型企业的老板的资金来源不可能超出家人和朋友这个狭隘的圈子，但是，发展一家大公司一开始都需要从银行或其他金融机构间接获得资金，甚至是从成千上万的陌生人那里获得资金。如果没有财产权的保障，这些公司早期的发展会难以进行。

问题不仅仅是第三世界一些本可以成为未来某家企业领导者的人，因缺乏财产权的法律保障最终失去了机会。更根本、更重要的事实是，如果某个社会有很多大型的企业，就可以给消费者提供更多的产品，给工人提供更多的就业机会，给政府提供更多的税收收入，整个社会都能因这些企业的存在而获益。

法律和秩序包含很多方面，正式的法律制度只是其中一面。人民是否讲诚信，合作是否有原则，是否有公共道德，这些不仅关系到社会生活，还会影响经济的发展。例如：

> 因为不信任员工，马达加斯加做谷物贸易的人会亲自检查每批粮食。三分之一的贸易商表示它们不会雇用更多的工人，因为担心工人盗窃。这无疑限制了谷物交易商的公司规模，降低了交易者的商业成功的可能性。在许多国家，公司往往是家族企业，因为家庭成员是他们唯一可以信任的人，所以公司的规模受到了家庭规模的限制。

经济学家威廉·伊斯特利所说的“信任半径”在不同的国家和地区的差别是很大的。诸如印度的马尔瓦尔人（Marwaris）、东南亚的华人或在纽约经营钻石行业的哈西德派犹太人（Hasidic Jews），在这样的团体中，即使他们的交易涉及大量的资金，也可以在没有书面协议或诉诸法律制度的情况下进行。这些团体有着其他人没有的竞争优势，后者无法在同样低成本的环境中安全地经营生意。同样地，不同国家的诚信水平也有所不同。在东京，停放的自行车即使不上锁也没有人偷，但在其他许多国家最终只会被盗。

## 人口

两个多世纪以来，无论在第三世界还是其他地方，对贫困最持久的一个解释就是“人口过剩”。但是这个词却很少以一种有意义的方式被定义，一般的定义都是赘述。如果这个术语指的是人与土地之间的比例，那么只要粗略地检查一下数据，就会发现它是错的。

阿根廷每平方英里的人口比美国的少，但实际人均收入却只是美国的一小部分；印度每平方英里的人口数量不仅是阿根廷的数倍，也是美国的几倍，但却比不上日本，实际人均收入也比日本少很多。撒哈拉以南非洲的人口密度只是日本的一小部分，但却非常贫困。当然也可以找到例子证明一些贫穷国家的人口密度比富裕国家的人口密度要高，但是人口密度与实际收入之间并没有一致性的关系。观察长期的数据，就会发现没有证据能够证明是“人口过剩”造成了贫穷。正如20世纪的一位著名的发展经济学家所说：

在19世纪90年代和20世纪30年代之间，马来西亚从一个人口稀少的小村庄和小渔村，转变成了一个有着大城市，农业、采矿业和商业都十分发达的国家。人口也从150万增加到了将近600万；马来西亚本地的人口也从100万增长到了约250万。人口增多，人们的物质生活水平也提高了，寿命也比19世纪90年代要长。从20世纪50年代以来，人口本来就稠密的中国香港地区和新加坡的人口迅速增加，但它们的实际收入和工资水平也大幅增加了。自18世纪中叶以来，西方世界的人口翻了两番。实际人均收入增加了五倍或更多。

尽管“人口过剩”理论的倡导者认为，人口增长有可能造成更多的贫困，但实际上没有人能够举例说明当某个国家的人口缩减到一半时，他们的生活水平会更高。从马尔萨斯（Malthus）时代开始直到今天，这些倡导者用了各种权宜之计来挽救“人口过剩”的观点。

一些人说不是跟土地相比的过剩，而是跟耕地相比人口过剩了。然而，把参照物改为耕地也只会使解释更复杂，但并不会改变结果。一般而言，将参照标准从土地改为自然资源也不会产生非常不同的结果。正如已经提到的那样，乌拉圭和委内瑞拉的人均自然资源价值是瑞士或日本的人均自然资源价值的几倍，而瑞士或日本的实际人均收入却是乌拉圭或委内瑞拉的几倍。一些人认为，不应将人口与原始自然资源进行比较，而应将其与开发过的资源进行比较，以确定是否有人口过剩。然而，开发的资源只是财富的另一种称谓。所以说，相对于开发的资源而言，更多的人口意味着人均财富的下降，这只是换了一种说法而已。因为这些说法的定义是无法辩驳的，正因为它们对真实世界的定义（实际上什么也不是）的无可辩驳性，使得人们对它们暗示的意思深信不疑，这才是这种赘述言辞的真正危险之所在。

如文中第 2 章中提到的，人口稀少的地区意味着该地区的人均供水、供电、排污、通信、医院，以及其他生活成本都会更高。撒哈拉以南的非洲每平方英里的人口密度较稀，人口稀少是其众多重大经济障碍之一。

无论用人口过剩的理论来解释贫困存在着多少缺陷，但数个世纪以来，这种理论解释在政治上是可行的。

## 文化

虽然产权和地理因素等外部因素会影响国家的经济发展，但文化观念等内部因素通常对国家的经济发展有着同等的重要性，甚至更为重要。生活在某个特定文化之外的环境的人进入这个文化社会的现象是很常见的，即使他们最初的经济条件低于该社会现有人口的经济水平，但随着时间的推移，他们的经济状况也会慢慢地超过周围的人，尽管所有人都生活在相同的外部条件下。移民到阿根廷的意大利人、移民到西非的黎巴嫩人、移民到斐济的印度人、移民到美国的犹太人、移民到俄国的德国人，以及移民到东南亚一些国家的中国人，他们都只是这种现象的部分事例。这些移民中的很多人（或者说大多数的人）在到达移民国家时往往经济困难，而且没有受过良好的（甚至没有受过）教育。他们唯一的资本就是文化，他们的文化跟被他们赶上并超越的人的文化是不同的。

一个经济体的所有产业和部门都是靠来自不同文化的人创造的。尽管阿根廷人之前进口过小麦，但是在德国移民达到阿根廷后，阿根廷才成为世界上最大的小麦出口国之一。阿根廷的土地及其种植小麦的能力并没有改变，改变的是生活在这片土地上的人们。有时候，新的产业不是由移民带来的，而是由来自其他国家的旅居者引入的，例如，英国人曾在世界各处修建铁路，从印度到非洲，再到澳大利亚和阿根廷。近几个世纪以来，全球范围内的移民导致不同种族和不同文化的族群远离了他们原来生活的社会（他们的祖先起源于那里，并形成了独有的文化和经济发展技能），融入新的社会。在新的社会中，他们也常按照在原来社会中形成的生活模式繁衍生息。采矿是威尔士经济发展史的重要部分，也是移民到美国和澳大利亚的威尔士人的历史的重要部分。在中世纪的西班牙，犹太人在服装生产行业中有着突出地位或优势。当他们移民到奥斯曼帝国、美国和南美洲后，他们在这些地方的服装生产行业中同样重现了类似的地位或优势。

自然资源丰富的地区即使实现了繁荣，如果该地区的机构和文化环境不能维持一种可靠的法律和秩序框架，那么这种繁荣也无法持续。阿根廷就是一个典型的例子，一些其他拉丁美洲国家也出现了类似的状况。

阿根廷被称作“世界上自然资源最丰富的国家之一”，拥有“世界上最肥沃的土壤”和“大量的石油和天然气矿藏”。在 20 世纪初期，它曾是世界上最富有的 10 个国家之一。然而，它的大部分现代化的发展并不是由内部产生的，而是由外国（主要是英国）发起的。民族主义和意识形态政治的兴起，特别是在独裁者胡安·贝隆（Juan Perón）的领导下，阿根廷的外国投资占比从 1913 年的 48% 降至 20 世纪 50 年代的 5%。

阿根廷的国内政治和经济政策使它逐渐从最繁荣的国家行列脱离。正如一项研究指出的那样：“那些曾经在 20 世纪初期，因经济发展状况被和阿根廷归为一类的国家的人均国民生产总值一般都是阿根廷的四到五倍，而且这些国家几乎全部都是民主主义国家。”到 20 世纪末期，阿根廷的经济和货币体系崩溃了，到处都是以货易货贸易。尽管阿根廷的经济恢复了一些，但 21 世纪初期阿根廷的人均国内生产总值仅为美国的十分之一。

尽管一些国家达到了类似西欧、北美和日本的繁荣程度，但这样的国家仍然属于少数。因此，我们需要解释的是有利于经济发展的各种因素的共同作用，而不是大多数国家尚未共同富裕的事实。事实上，很多富裕的国家花费了几个世纪的时间来研究这些综合因素，这凸显了这些成功的稀缺性。像美国、加拿大和澳大利亚这类移植型欧洲社会，当移民们在新的土地上开始生活时，他们也带来了他们原来所在的那个社会中的发达文化。这些文化有利于经济的发展，移民们并不用花上几个世纪重新培养自己的文化。像奥斯曼帝国在早期都是在经济和其他发展领域的领导者，但后来失去了领导地位并远远落后于新的领导者。这说明了需要将各种有利的环境条件结合起来。而且，如果这种结合中的关键部分没有了，经济的繁荣也会一并逝去。

拒绝承认个人、群体或国家间的差异是由内部原因造成的，这种拒绝的态度同其引起的谬误一样，既广泛又令人绝望。例如，一位学者表示，犹太人之所以在服装行业表现出众是因为他们很幸运，当他们到达美国时恰逢美国的服装行业正要开始腾飞。他的说法完全忽视了一种可能性，即恰恰是犹太人的到来导致了美国服装行业的兴起，就如同他们移民到其他国家给其他国家的服装行业带来的影响是一样的。

有这样的一种可能性，即内部因素会影响特定人群的经济状况。然而这种可能性遭到了广泛的驳斥。反对该可能性的人声称，这种想法是种“刻板成见”，是在“责备受害者”。他们对这种内部因素可能性的反对是如此强烈，以至于他们为了支持自己的假设毫不犹豫地就否定了第一手的观察，哪怕他们既没有看过也没有研究过相关的群体。这样的态度不仅影响了人们如何看待过去，还影响了未来需要提倡的政策，尤其是倡导对第三世界国家进行外援的计划。由于第二次世界大战后，马歇尔计划（Marshall Plan）形式的外援在西欧非常成功，因此许多人认为它在第三世界也会带来类似的益处。

大量针对第三世界的外援没有为很多第三世界国家带来任何有可见成效的经济发展，但是这种失败的外援也没有改变它们在支持者眼中的地位。这些支持外援的人，拒绝重新检查需要外援的这种假设。然而，当把不同的文化都考虑进来后，外援的失败也并没有什么神秘之处。虽然第二次世界大战后的西欧因战争遭受了巨大的创伤，但过去在实现欧洲工业化和带领世界走向工业化的过程中，它们所拥有的知识和文化并没有遭到破坏。外援能够帮助人们免于饥饿和重建物理环境，但关键的知识和文化原本就已经存在了。在大部分第三世界地区，物质环境并未遭受什么破坏，需要建立的是知识和文化的基石。

## 外援

“外援”是指财富在国际间的转移，要么是直接从富国的政府转移到穷国的政府，要么是间接地通过世界银行或国际货币基金组织等国际机构向第三世界国家的政府转移。这种资金的转移最终是否会为较贫穷的国家的经济发展带来帮助，这是一个经验性的问题，而不是一个可以预见的结论。新闻报道和学术研究经常表明，大量的援助资金转移到第三世界政府后却没有给第三世界带来任何显著的经济增长，并且在某些情况下，在外援资助了某些宏伟的项目之后，第三世界的实际收入还有所下降。

这并不令人惊讶。我们没理由期待通过国际机构转移财富能比通过内部没收转移财富更能带来自动收益。针对援助提供者和接受者的激励措施很少将援助目的国经济的发展作为援助成功的标准。对于援助机构来说，援助成功的标志是它们转移了多少资金，这对媒体和政治领导人来说是显而易见的，而要想衡量援助的实际结果，这在空间和时间上是既久且远的事。例如，在罗伯特·麦克纳马拉（Robert McNamara）担任世界银行行长期间，他曾宣称：“我们曾提议在1969—1973年期间将世界银行的援助业务跟1964—1968年的五年相比增加一倍。如今这个目标已经实现。”至于援助接受国政府，它们的目的在其收到援助资金时就已经达到了。

国际援助机构对它们转移的资金的使用情况的监控能力是非常有限的，控制能力更是不足。某些第三世界国家的政府对援助资金的使用非常低效，甚至腐败地动用了这些资金，反而给国家带来了害处，而国际援助机构既没有妥当的激励措施来阻止它们乱花援助资金，也肯定不愿宣传它们的援助产生的害处，因为这会为它们机构和外援招来质疑。当坦桑尼亚处于朱利叶斯·尼雷尔（Julius Nyerere）严峻和灾难性统治之下时，国际援助机构仍然在向那里转移资金；甚至当卢旺达正在进行大屠杀时，国家救援机构也在向卢旺达转移资金。考虑到国际救援机构的一些激励措施和想法，它们的这些做法也就不让人吃惊了。直到 20 世纪 70 年代，仍然有外援资金被转移到石油资源丰富的沙特阿拉伯政府。

国际机构给予的贷款通常是不会被偿还的，除非在表面意义上，同一个贷款国家通过向同一个国际机构借贷更多的资金来“偿还”它当下的欠款。“结构调整贷款”听起来很好却不明确。世界银行和国际货币基金组织在 20 世纪 80 年代和 20 世纪 90 年代的十多年间向象牙海岸（Ivory Coast，科特迪瓦的大西洋沿岸地区）提供了 26 次“结构调整贷款”，然而，该国的人均收入却下降了，并且陷入了内战。用新贷款偿还旧贷款的并非只有科特迪瓦。2001 年，国际货币基金组织一半以上的贷款的去向是长期借款国。

简言之，无论是对国际援助机构，还是对像美国或英国这样的国家政府，所谓的“贷款”实际上都是用纳税人的钱向第三世界的政治领导人赠礼。要求“免除”第三世界政府的贷款的呼声不绝于耳，似乎通过官方借贷去奖励财政上的不负责任的行为会让这些贫困国家脱贫。很多关于国际援助的说法都暗含了这种意思。有种说法是，这种提供给第三世界政府的、无偿的国际援助资金对帮助这些国家脱贫是至关重要的。实际上，国家内部创造的财富，包括“未入账”的财富，通常都远远超过以外援的形式所获得的财富。国际金融市场通常还有更多的可用资金，但这笔资金不可能以空白支票的形式用于大工程或者借贷，因为这些都不会得到偿还。

国际援助机构确实试图对某些接受援助和贷款的国家进行监督、影响或控制，但结果往往都不尽如人意。何况这些国家在语言、传统和文化等方面跟这些援助机构的还不相同。尽管如此，这些机构的官员通过他们援助的资金在国内外获得了知名度和重要性。因此，他们都有动力增加可用作外援的资金，而不管这些援助资金是否达到了最直观的目的，即提升第三世界国家的生活水平。

比起利用国际金融市场来赚钱，或者通过减免烦琐的批复程序和治理官僚化的政府来鼓励国内的企业家发展创业，许多第三世界的国家政府更喜欢接受国际援助，这点是可以理解的。不管是在国内还是国际上，允许私营市场的运营意味着放弃权力和获得丰厚利润的机会，鼓励政治支持者和政治领导人自己放弃一部分财富。

在发生了诸如地震、疫情或海啸等自然灾害之后，通常会有机构对第三世界的国家进行人道主义援助，人道主义援助的管理方式通常与传统援助的管理方式大不相同。人道主义援助一般是由红十字会等国际机构或者美国等外国政府的机构直接提供，而不经过第三世界的国家政府。而且，一些效果最明显的援助的人均支出并不高。据估计，有一种能够把疟疾死亡率降低一半的药物，每剂的价格只需要 12 美分。此类药物，还有儿童疫苗，以及其他相对简单和廉价的措施，可以给第三世界带来巨大的好处。但正因为它们的平凡和廉价，反而不太吸引政客和官僚们的注意。

外援不仅依存于援助资金的管理者和接受者的自身利益，还依赖于许多来自西方世界的假设，即贫穷国家的根本问题是外部的，可以通过外部的财富转移来解决。但是，许多贫穷的国家已经拥有了丰富的自然资源形式的内部财富，这些丰富的资源能够让它们中的一些国家成为金、铜或橡胶等生产领域的世界领导者。一个贫穷的国家通常也有很多创业者，包括东南亚的华人或西非的黎巴嫩人等。在过去的一个多世纪里，一直都有印度人因为贫困而离开印度到世界其他地方定居，这些人已经脱离贫困，走向了富裕。甚至还有一些贫穷国家，如阿根廷，它曾是世界上最繁荣的国家之一。

在某些贫穷的国家，有少数能够创造财富的创业群体，但这些群体常常因国家歧视性的法律和政策而受到打击和限制。在某些情况下，这些能够创造财富的少数群体还会因为受到敌对和暴力而不得不离开这些国家，有的甚至被正式驱逐出境。正如 20 世纪 70 年代印度人和巴基斯坦人被驱逐离开乌干达一样，随后乌干达的经济崩溃了。

在另一些情况下，一个国家的大部分财富都是由外国投资者和外国企业家创造的。对这些外国人的怨恨导致当地政府会盗窃他们的企业，或者以政策的方式将其“国有化”，把财富从财富创造者的手里转移给当地国家和人民。这样的做法并不一定会给当地居民带来持久性的利益，并且往往标志着这些企业和当地经济走向衰落。在撒哈拉以南的非洲的大部分地区，尽管在殖民统治者离开后的数十年，既实行了“国有化”，又接受了外援，但人民的生活水平还是很低，比殖民时期的水平还要低。简言之，那些极度贫穷的国家的许多问题都是内部的，但这在政治上并不被接受，这些国家的居民或西方世界的人更倾向于其他的解释。

一些非常贫穷的国家的经济水平迅速崛起的例子进一步验证了这个结论，如 18 世纪的苏格兰、19 世纪的日本和 20 世纪后期的中国。这些国家通过国家内部的变革来提振经济，这说明内部的变革是非常有必要的。就苏格兰而言，其内部变革是迅速在国内推广教育和英语学习；对日本来说，这种变革是国家的投入，包括外派许多日本年轻人，到工业化程度较高的西方国家学习，并将那些掌握了工业技术的西方人带到日本；在中国，变革是政府不断地放宽对经济的限制，并向国际企业和投资者开放市场。在以上这些国家中，没有一个依靠的是大规模政府间的财富转移。另外一些迅速脱贫致富的例子是新加坡和韩国，它们同样是靠着谨慎地实施内部变革而实现富裕的。

要了解仅仅给予第三世界国家资金援助会带来什么后果，坦桑尼亚就是一个典型的例子：

> 在坦桑尼亚，世界银行资助了莫洛哥罗（Morogoro）鞋厂。该鞋厂采用了现代化的设备和制鞋技术，希望满足坦桑尼亚对鞋类的所有需求，并具备出口到欧洲的能力。但这个莫洛哥罗鞋厂并不成功。由于缺乏维修，零配件短缺，鞋厂的设备总是出故障。鞋厂的工人和经理还会从厂里偷东西。工厂的设计像一个现代化的西方制鞋工厂，墙壁是铝制的，不带通风系统，并不适合坦桑尼亚的气候。最终，该鞋厂的运营产能从未超过 5%，也从未出口过一双鞋。

## 经济学的正确思考

为了方便起见，我们已经使用了“第三世界”和“外援”等术语，但伦敦经济学院的一位杰出的发展经济学家彼得·鲍尔（Peter Bauer）教授指出，这些术语具有误导性。“第三世界”这个词表明，有一些特殊的国家与世界其他国家有着天壤之别。但实际上，这些国家的人口占了全世界的大部分，这些国家中收入从高到低是延续性的，国与国之间的收入水平没有明显的断层。这些国家中也没有种族分歧，正如他指出的那样：“在整个第三世界，白人多于黑人。”

“外援”是另一个具有误导性的术语，因为它预示着资金转移将会有助于经济的发展，尽管有太多的例子说明，持续性的大规模的财富转移除了巩固现有的制度，减少可能会发生的必要变革外，并没有任何成效。外援还使外援助机构的官员能够利用杠杆指导当前流行的任何经济政策，如通货紧缩和“休克治疗”等，而不需要对结果承担什么责任。

也许在对第三世界国家的讨论中最大的谬误就是隐含的假设，即不同国家的人均收入不同这个事实存在着智力上和道德上的错误。鉴于地理、人口、历史和文化上存在着巨大的差异，很难想象另外一种可能性是什么样子的。为使某些国家能够应对超出其预见和规避能力范围之外的自然灾害而提供的人道主义援助，不一定要基于对其低收入的原因的假设。一些国家决心重塑自己因而取得了巨大的进步，跟这相比，那些希望通过援助来重塑其他国家的尝试和做法的效果是不具有可比性的。

# 最后的思考

许多单个的谬误都是一种更广的模式中的一部分。这些更广的模式不仅包括第 1 章中提到的零和谬误、组合式谬误、事后归因式谬误、棋子谬误、开放式谬误，也包括无理由地假定本不具有相同性的事物存在相同性的谬误。

地理、人口、历史和文化方面的差异只是个人、群体以及国家间差异的一部分。我们没有理由，也不应该期望女性和男性的工作时长相同。没有理由认为高中辍学生和大学生的目标、生活重心或能力相同，因而他们的收入差异可归因于大学。没有理由指望第三世界经济体回应外交援助的方式会与欧洲对马歇尔计划的回应方式相同，因为这些经济体和社会在几个世纪以来都与欧洲的经济体和社会大不相同。

整个历史中充满了今天所谓的“差距”或“不平等”差异，即便有些情况用歧视是解释不通的。过去在沙皇俄国，几乎所有圣彼得堡科学院（St. Petersburg Academy of Sciences）院士都是德国人的后裔，尽管德国人的后裔只占俄罗斯总人口的约 1%。如今，世界上所有亿万富翁中超过 40% 都生活在美国。这张清单可以一直列下去，直到填满一本书。但是，无论这样的数据差异在整个历史中以及全世界有多么普遍，许多人仍然会为此理论，仿佛任何群体之间的数据差异都是奇怪的、可疑的，甚至是险恶的。

在第 5 章和第 7 章中还提到过另一个可被称为“组成变化”的谬误。当对不同时间的数据类别进行比较时，这些数据类别之间关系的变化会对我们认识这些数据类别下的人们和国家发生了什么变化产生误导。因为这些类别的组成会随着时间的变化而变化。在同一时期，类别间的不平等可能在增加，同时构成这些类别的人们和国家之间的不平等却在减少。而且，有些重要的结论和决定可能就是基于这种谬误做出的。

正如第 7 章所指出的那样，据说国际自由贸易的增长会加剧各国之间的不平等，因为 1960 年，20 个最富有国家与 20 个最贫穷国家的收入之比为 23∶1，但是在 2000 年，这个比例达到了 36∶1。然而在 1960 年和 2000 年，这 20 个最富有的国家和 20 个最贫穷的国家的构成是不一样的。对 1960 年的 20 个最富裕国家和 20 个最贫穷国家进行比较，结果显示，几十年间，最富有和最贫穷之间的比例下降到了低于 10∶1。这就得出了直接相反的结论，表明更自由的国际贸易可能有助于减少国家间的不平等，使最贫穷的一些人脱离收入最低前 20 这一类别。

不管不平等程度下降的原因是什么，相信国际不平等增加（而实际上是减少）的谬误与一则关于曼哈顿的汽车事故的老笑话情况相似。在这个笑话中，一个朋友对另一个朋友说，统计数据表明，每过 20 分钟就有一个人在曼哈顿被车撞到。另一个人回答道:“那个人对此肯定感到非常厌倦了。”这里的谬误是，显然每次被撞的都不是同一个人。正是与此相同的谬误造成了关于个人不平等与国际不平等随着时间的推进变得更为严重的结论，然而被比较的个人或国家已经不是先前的那一个人或国家了。因为随着时间的推移，每个人 / 国家都从一个类别变动到了另一个类别。类别的构成变化使得基于类别间的比较得出的结论成为谬误。

统计数据本身也比它们的定义以及采集方法好不到哪里去。如果不仔细审查这些方法和定义，我们就不能认为所比较的人群是有可比性的，无论是将高中辍学生的收入与大学毕业生的收入进行比较，还是将具有“相同”教育程度的不同族群成员的收入相比较，或是将单身妇女的收入与已婚妇女的收入相比较——而“单身”妇女包括离婚前曾结婚多年的妇女。关于人口密集区空气污染量与开阔空间的空气污染量的统计数据也不能够告诉我们，让人们搬到无人居住的地区是否会增加总体污染，因为污染是由人而不是他们所在的位置产生的。

也许最危险的做法是，不对流行的看法进行事实检验，而是根据它们对一些现有的世界观的契合程度来接受或拒绝它们。相信需要政府干预才能创造“限价房”的想法只有在先入为主的观念背景下才有意义，而数不清的证据则指向完全相反的方向。认为像 20 世纪 60 年代那样的贫民窟暴动是对贫困、歧视、失业和破败社区所做出的反应，这样的想法在确凿的证据——暴动发生的时间、地点——面前根本站不住脚，因为有的时间、地点中的这些因素比这一时间、地点中的这些因素更恶劣，然而暴动并未发生。

20 世纪上半叶妇女的整个教育和就业史几乎总是被忽视——即使是在学术研究中也是如此。其目的是要关注 1960 年以来发生的事情，因为这样做符合女性崛起原因的先入之见。对于黑人来说同样如此。他们脱离贫困并进入中产阶级的职业岗位，同样几乎总是被往前追溯至 1960 年后的某个时间点，并归因于那 10 年间的民权运动和政府行为，尽管黑人脱贫最显著的时期是发生在 1960 年以前的 20 年里。没有任何比忽略某种在一些政策或行动开始几年之前就已经出现的趋势更严重的谬误了。这种趋势本是一个预先存在的趋势的延续，而后所有发生的事情却被归功于这些政策或行动。在一次反垄断诉讼之后，从车祸死亡率到有关公司市场份额的讨论中都出现了类似的谬误。

许多先入为主的观念由于过于主观无法经受任何实证测试，其中就包括第三方观察者比人们自己自身更加了解什么东西对他们有利。有关城市住房和郊区住房的讨论、有关公共交通和汽车的讨论，以及有关国际援助机构关于第三世界国家的“宠物理论”的讨论中充满了这种隐含的假设。在这种情况下，我们所能做的最多是：(1）明确地指出这种隐含的假设；(2）要求拿出可以证明这种“超级知识”的证据；(3）指出在基于这一看法的方案和政策被制定出来后，紧接着世界各地有多少起灾难发生了。

这些众多超级常识的隐含假定的一个特殊变体是，将其他人的第一手观察一概当作“成见”而不屑一顾。这种嫌弃通常很少或根本没有以摒弃者本身的第一手观察为基础，而是基于那些广大的同样缺乏经验且自以为是的人共有的看法。这些人通常因为有学术学位而不会受到批评或事实的影响。

类语叠用是谬误的另一个来源，也是它们自我辩护的主要依据。例如，“人口过剩”可能会通过这种方式被定义：人口与财富之间的高比例，被认为是贫穷的原因。然而在现实中，它所做的只是证明了算术规则，而没有证明现实世界中的任何事实。但是，除非人们意识到他们正在绕圈子说话——无论这个圈子有多大，他们或许还是会继续相信那些赋予类语叠用力量的暗示，就好像它们是关于外部世界的结论，而不是他们头脑中的任意定义。缺乏明确性和具体性的观念很多，而这种明确性和具体性的缺失则是这些观念在没有证据也没有逻辑的情况下用于说服人们的最大资产。关于人口的类语叠用只是这些观念中很小的一部分。正如哲学家查尔斯·桑德斯·皮尔士（Charles Sanders Peirce）在19世纪所说的那样：“许多人多年来一直像珍惜自己的爱好一般珍惜一些像影子般模糊的想法，这些想法过于无意义，没有必要去证明它们是错误的。”

本书特别讨论到的谬误只是众多主题下的众多谬误的一些小样本。如果看到这些通常听起来很合理的谬误在证据和分析的重要作用下如何分崩离析，会让你更近距离、更多地分析其他的观点，那么这本书的更大目的也就达到了。

# 译者后记

作为斯坦福大学胡佛研究所高级研究员、芝加哥经济学派代表人物之一的知名学者托马斯·索维尔，在他这本经典代表作《这才是经济学的思维方式》中延续了该书第1版的重要观点：一些观念被人们相信，是因为它们本身就是可被明证的事实；而另外一些观念被人们相信，只是因为人们被这些观念反复地“洗脑”了而已。最终，洗脑替代了证据，让人们普遍接受了这些“事实”。

但是这些被反复传播的信息和观念能否经受住客观事实和逻辑推理的检验？尤其是在经济领域，基于谬误制定的经济政策将会给世界各国人民的生活带来巨大的损失。而揭露谬误，还原事实，则可以创造更多的机会和可能性去造福人民。

在本书中，作者开篇就警示了谬误的能量有多大，能造成多大的影响，并在随后的章节中详细阐述了城市、性别、学术、收入、种族、第三世界六个方面的事实与谬误，一些我们过去深信不疑的观念在作者抽丝剥茧的辨析中被推翻。例如，谈到现在大家都很关心的男女收入差异的问题，很多人自然会想到雇主歧视、家庭对男孩女孩不同的教养方式、男女接受教育的机会和受教育程度、社会分工、社会观念对男女的不同期待或者刻板印象，等等。但是这些真的是造成男女收入、职业选择和职业机遇差异的重要影响因素吗？作者通过实事求是的数据比较，对不同历史时期的社会形态分析，最后得出的结论是大多数男女经济差异都是由雇主歧视以外的因素所造成的，有时甚至很难区分收入的性别差异到底是由女性面临的外部障碍造成的，还是由她们自己主动做出的选择造成的。又比如在种族谬误这个议题中，作者提出，那些谬误的产生很多是由于人们深信各个群体在技能、经验或态度上具有可比性，因此，他们之间的统计差异只能通过他们周围的社会对待他们的不同方式来解释。在绝大部分历史中，许多社会都存在着群体歧视。但是歧视并不是造成群体间差异的唯一因素,应该评估所有有关因素的影响。此外，不同因素的相对权重也会随着时间的推移发生改变。读完整本书后，让人有一种恍然大悟的感觉。而至于辨证的过程，就静待读者自己在书中细细品味了。

在我翻译这本书的过程中，也常常受到启发。我们现在身处的这个世界，互联网高度发达，言论和媒体传播途径之多、速度之快，有的时候真的可以遮蔽我们的眼睛，堵住我们的耳朵。大量信息的充斥、快节奏的生活，往往让我们来不及思考分辨，就已经迅速形成认知。我们甚至已经习惯了直接将网上的信息当作事实，已然不会去考证这些内容的真实性和客观性了。于是我们自己也成了这种“二手信息”的使用者和传播者，甚至是捍卫者，在社会洪流中被裹挟着前行。

我们常常感叹现代社会太浮躁，太缺乏客观、冷静、深刻的思想者，但是我们自身似乎也消退了“格物致知”、务实求真的态度，颓然抱怨大环境中房价、教育这些现实的困境，无法保持一颗平静的心。

所以，我想这本书的再版也正是时候，通过阅读这本书，让我们在各种认知面前静下心来认真地思考和探索，去伪存真，不畏浮云遮望眼。

董玲燕

ECONOMIC FACTS AND FALLACIES, 2nd Edition by Thomas Sowell
Copyright © 2007, 2011 by Thomas Sowell
Simplified Chinese translation copyright © 2020 by China Renmin University Press Co., Ltd.
Published by arrangement with Basic Books, a Member of Perseus Book through Bardon-Chinese Media Agency.
ALL RIGHTS RESERVED.

本书中文简体字版由 Basic Books 通过博达授权中国人民大学出版社在中华人民共和国境内（不包括香港、澳门和台湾地区）独家出版发行。未经出版者书面许可，不得以任何形式复制或抄袭本书的任何部分。

**版权所有，侵权必究**

北京阅想时代文化发展有限责任公司为中国人民大学出版社有限公司下属的商业新知事业部，致力于经管类优秀出版物（外版书为主）的策划及出版，主要涉及经济管理、金融、投资理财、心理学、成功励志、生活等出版领域，下设“阅想·商业”“阅想·财富”“阅想·新知”“阅想·心理”“阅想·生活”以及“阅想·人文”等多条产品线。致力于为国内商业人士提供涵盖先进、前沿的管理理念和思想的专业类图书和趋势类图书，同时也为满足商业人士的内心诉求，打造一系列提倡心理和生活健康的心理学图书和生活管理类图书。

**《世界金融简史：关于金融市场的繁荣、恐慌与进程》**

- 华尔街 20 多年资深基金经理畅销之作！
- 汇集近五个世纪著名金融事件，从历史维度窥探金融发展，以金融视角回顾历史进程。

**《最后一英里：影响和改变人类决策的行为洞察力》**

- 行为洞察力的提出者、世界知名行为科学家的经典力作。
- 用行为科学思维解决决定成败的“最后一英里”问题。
- 通过行为助推设计帮助人们做出最佳决策。

**《金融创新：重塑未来世界的智财》**

- 从古巴比伦到当代，金融史始终是一部动态创新的历史。
- 金融创新的历史，就是人类社会进步的历史。
- 金融业从业者和立志从事金融业的人士必读书。

**《一本书读懂 FinTech》**

- 一本全面梳理 FinTech 前沿趋势和相关知识的入门读本，让你清晰了解 FinTech 为大众生活带来的翻天覆地的变化。
- 全球知名管理大师、日本著名管理学家和经济评论家大前研一推荐。